Litanei des Weißen Mannes

Friedhelm v. Othegraven

Litanei des Weißen Mannes

Eine Herausforderung an christlich-abendländisches Denken

Verlag für ganzheitliche Forschung und Kultur

Aus dem Erlös dieses Buches geht 1 DM je Exemplar als Freundschaftshilfe an die panindianische Zeitung *Akwesasne Notes,* Mohawk Nation, via Rooseveltown, N.Y. 13683 (USA)

1986

Verlag: Verlag für ganzheitliche Forschung und Kultur, 2257 Struckum / Nordfriesland
Satz: Knipp, EDV-gesteuerter Lichtsatz, Wetter
Umschlag: Luis Guerrero, Düsseldorf
Abgebildete Kupferstiche nach Originalen aus dem Jahre 1665 im Wiener Völkerkundemuseum
Abbildung auf Seite 6: Foto von Edward S. Curtis
Druck: Kölle-Druck, 4994 Preußisch-Oldendorf

ISBN 3-922314-65-1

Der Befreiung und Wiedergeburt
der indianischen Völker und
des indianischen Geistes

Du schaust aus dem Eingang deines Zelthauses und das ist stets ein enger Blick. Was du tun mußt, ist, die Häute deines Zelthauses auf den Stangen hochrollen, um so in alle Richtungen sehen zu können.

Hyemeyohsts Storm
Cheyenne

Inhalt

Erkennen

VATER,
als ich DICH suchte,
ging ich in die Kirche
und fand DICH nicht,
ich stieg auf den Kirchturm
und spähte nach DIR vergebens,
ich ging zum Priester
und DU warst nicht anwesend,
ich ging zum Bischof
und ward nicht vorgelassen,
ich schrieb an den Vater in Rom
und erhielt keine Antwort,
ich besuchte Straßen und Märkte
und gewahrte DICH nirgends,
ich ging durch Städte und Länder
und fand DICH nicht,
ich stieg auf die Gipfel der Berge –
da begegnete ich meinem Roten Bruder *,
er umarmte mich, lächelte und schwieg;
er wies meinen Blick nach Westen,
da wurde es heller,
er wies meinen Blick nach Norden,
da wurde es heller,
er wies meinen Blick nach Osten,
da wurde es heller,

* Indianer

er wies meinen Blick nach Süden,
  da wurde es heller,
er wies meinen Blick in den Äther,
  da wurde es heller,
er wies meinen Blick in den Schoß der Erde –

Plötzlich umfing mich strahlendes Leuchten
und ich erkannte D I C H
und erkannte

DU und der GROSSE GEIST

bist EIN UND DERSELBE

ALLES–DAS–WAS–IST

Da lächelte auch ich;
wissend schaute mich mein Roter Bruder an,
und wir gingen gemeinsam weiter
  und dankten DIR.

Litanei

VATER, wir rufen DICH

Laß unser Rufen zu DIR kommen

Kyrie eléison
Christe eléison
Kyrie eléison

Sei uns gnädig
und vergib uns unsere Schuld

Die wir

das Licht und die Liebe
in vermeintlichem Fortschritt,
fort-schreitend von uns selbst,
in unseren Herzen gelöscht haben.

Erbarme DICH unser

Die wir

den Frieden mit den Lippen bekennen
und im Inneren Feindbilder zeugen,
dämonisierte Gestalten,
Brüder von Brüdern,
Nachbarn von Nachbarn,
Völker von Völkern,
nicht bereit, das Gesetz zu bezeugen
von den Gegensätzen als Pole der Einheit;
denn schon das Schmieden von Waffen
ist formgewordene Absicht zu töten.

Erbarme DICH unser

Die wir
uns rühmen, die Dritte Welt
mit unserer Kultur
und Zivilisation
reich beschenkt zu haben,
und verschweigen,
daß wir altehrwürdige andere Kulturen,
soweit nicht von unserem Hochmut
zerschlagen,
in unsere Museen gewaltsam entführten
und die Identität ihrer Träger
mit dem Missionsschwert zerstörten,
und leugnen:
Missionierung, Ausbeute und Sklaverei
als Mutterschoß
von Weltwirtschaft und Reichtum;
und leugnen:
Verelendung, Hunger und Tod
als erbarmungslose Abfallprodukte
eigenen Wachstums.

Erbarme DICH unser

Die wir
unsere andersfarbigen
Brüder und Schwestern,
von Rassenhaß besessen
und von Hochmut entstellt,
geflissentlich schmähen,
erniedrigen und unterdrücken.

Erbarme DICH unser

Die wir

die Minderheiten der unter uns
lebenden Brüder und Schwestern,
    Kranke und Alte,
    Körperbehinderte und Flüchtlinge,
    Gastarbeiter und Liebende
        gleichen Geschlechts,
    Romas und Sintis,
    Gefangene und Entwurzelte,
ihres scheinbaren Andersseins wegen
aus unserem Kreise verbannen,
verletzen und in die Einsamkeit stoßen.

Erbarme DICH unser

Die wir

die Kreaturen DEINER Tierwelt
zum Sachgut entwürdigen,
und von Gier nach Reichtum getrieben,
peinigen und ausrotten.

Erbarme DICH unser

Die wir

die Fülle DEINER Natur,
Pflanzen, Bäume und Sträucher,
Erde, Wasser und Luft,
uns angemaßten Rechten
unterwerfen und vergewaltigen.

Erbarme DICH unser

Die wir

das Gastrecht mißbrauchend,
Deinen vollendeten Stern,
den Lebensquell allen Seins,
zu Lasten kommender Geschlechter
mit namenloser Gewalt
plündern und ausbeuten
und es wagen,
DEINER Schöpfung Gesetze zu widerrufen.

Erbarme DICH unser

DEIN Blick in unsere sterbende Welt
erschaut den Spiegel
der Verkommenheit
und geistigen Barbarei unseres Inneren,
und erkennt des UN-HEILS Wurzeln
zurückgreifend w e i t in die Zeit.

Vor DEINEM Zorne
Bewahre uns, o VATER

*

Sei uns gnädig

Und vergib uns unsere Schuld

Die wir
seit der Kreuzzüge Tage
auf der Stirn das Brandmal Kains,
unter dem Banner DEINES Sohnes
und mit Leviathan im Bund,
dem Boden
        der soeben entdeckten Welt,
mit geheucheltem Kniefall
                und falschem Gebet,
den Judaskuß zum Gruße entboten
und den Indianern,
unseren Roten Brüdern und Schwestern,
                        die Feuer auslöschten,
                        die Trommeln zerschlugen,
und ihre freundlich vertrauenden,
                lachenden Gesten,
die Geschenke der Freundschaft
                und Zeichen des Friedens
mit der Waffe entsetzten.

Erbarme DICH unser

Die wir,

getaufte Christen,
unter dem Zeichen des Kreuzes
und dem Bild unserer Lieben Frau,
DEINEN Roten Söhnen und Töchtern
die Frohbotschaft brachten
mit der Sprache des Schwertes,
und kaum am Orte der Ankunft,
Frauen und Kinder
den Männern entrissen,
nicht achtend
das fünfte,
das sechste,
das neunte
und zehnte Gebot.

Erbarme DICH unser

Die wir,

Eroberer und Priester,
Gefährten der Eintracht
in der Kraft römischen Segens,
plündernd, brennend und mordend
das Wort DEINES Sohnes mißbrauchten,
und gleich dem Netz der Spinne,
auf dem Grunde vernichteter Stämme
Kreuze aufschlugen,
Fanale der Herrschaft,
mächtig, und endlos die Zahl,
unseren Roten Brüdern und Schwestern
im Norden und Süden,
im Osten und Westen
den Karfreitag verheißend,
der kein Ostern beschert.

Erbarme DICH unser

Die wir,
Eroberer, Priester und Mönche,
unter dem Banner DEINES Sohnes
und mit Leviathan im Bund,
DEINE Roten Söhne und Töchter,
unsere Brüder und Schwestern,
der Gier gehorchend
          nach Gold und Geld,
als Sklaven verkauften,
          Eigentum der Entdecker,
von Kirche und Staat sanktioniert,
das Kainsmal
unter der Tiara, Mitra und Krone verbergend,
und mit
          Brandeisen,
          Peitsche,
          Garrotte,
          Kette und
          Schelle,
dem Werkzeug der Gewalt und der Schmach,
          den Rosenkranz flochten
          aus Perlen von Tränen,
und das Lied des Leids
     und der Trauer entfachten,
das die Zeiten durchdringt:
          E C C E , H O M O !
          Mensch, betrachte,
          Schaue diese Menschen an!

          Den Tieren der Wildnis gleich,
          eingefangen und gefesselt

Erbarmungslos

Der Heimat entraubt,
von Vätern und Müttern,
Brüdern und Schwestern,
Männern und Frauen,
Kindern und Freunden
mit Knüppeln getrennt

Erbarmungslos

Auf Sklavenschiffe
gepeitscht und gekettet

Erbarmungslos

Gepeinigt von Hunger und
Durst

Erbarmungslos

Erkrankt und über Bord
geworfen,
den Haien zum Fraß

Erbarmungslos

In ferne Länder als Beute
verfrachtet

Erbarmungslos

Fahrt ohne Wiederkehr

Erbarmungslos

Handelsware auf
christlichen Märkten,
Sklavenfleisch zum Verkauf

Erbarmungslos

Vergangenheit mit
Brandeisen gelöscht

Erbarmungslos

Auf Jahrmärkten zur Schau
und dem Spotte ausgesetzt

Erbarmungslos

Geschmäht und angespien

Erbarmungslos

Ausgepeitscht und geschändet

Erbarmungslos

Gedemütigt durch
Tritte und Schläge

Erbarmungslos

Verhöhnt und gelästert
die Götter und Ahnen

Erbarmungslos

An fremden Glauben genagelt

Erbarmungslos

Verlassen bis in den Tod

Erbarmungslos

Verscharrt in fremder Erde

Erbarmungslos

Von den Göttern und Geistern
der Ahnen empfangen,
voll der Liebe und Güte.

Erbarme DICH unser

Die wir,

Eroberer und Priester
mit Leviathan im Bund,
dreifaltige Einheit,
ecclesia militans,
die heiligen Lehren
DEINER Roten Söhne und Töchter,
die DU, unser aller Vater,
ihnen gabst
ihrer Artung gemäß,
besudelten, schändeten, entweihten
und der Inquisition unterwarfen:

Gnadenloses Verbot
der Gebete und heiligen Riten
Gnadenlose Zerstörung
aller heiligen Stätten
Gnadenlose Bekehrung und Taufe
Grausamer Tod bei Versagung

Das Märtyrerblut früher Christen in Rom,
mittragende Säule der Kirche,
verrinnt in den reißenden Strömen von Blut
aus den Quellen infernalischer Exekution
durch die Hände bekehrender Henker.

Erbarme DICH unser

Sie legten Fallgruben an, die mit spitzen Pfählen bestückt wurden, und jagten die Indianer ohne Rücksicht auf Alter und Geschlecht hinein.

Die wir,

Ungeheuer in Waffen,
Soutanen und Kutten,
auf den Lippen
das Ave Maria,
auf der Zunge
des Geifers Gift,
im Herzen
die lechzende Gier,
die dargebotenen Hände
der Freundschaft bespien,
und Brandschatzung und Mord,
mit den Mänteln des Glaubens
und des Rechtes bekleidend,
unsere Roten Brüder und Schwestern

jagten	totprügelten
knebelten	enthaupteten
totschindeten	pfählten
auspeitschten	rösteten
folterten	zerfetzten
verstümmelten	aufspießten
pulverisierten	erschlugen
vierteilten	erstachen
schleiften	erwürgten
vergewaltigten	ersäuften
erhängten	verbrannten

selbstmordeten

und noch in der Lohe
dornengekrönter Schreie
schamlos empfingen
die Absolution,
des Mittäters Gabe –
Antrieb zu neuem Verbrechen.

Erbarme DICH unser

Die wir,

getaufte Christen,
diaboli incarnati,
zur Verherrlichung DEINES Sohnes,
zu der zwölf Apostel Preis,

DEINE Roten Söhne,
unsere Brüder,
in einzelnen Gruppen
je dreizehn,
fesselten und hängten
solchermaßen,
daß die an den Füßen
entfachten Feuer
sie lebendigen Leibes
langsam verbrannten.

Je dreizehn Male blutschwitzende Angst,
je dreizehn Male verzweifelnde Schreie,
je dreizehn Male der Ruf:

Es ist vollbracht!

Erbarme DICH unser

Sie hängten zur Ehre und Verherrlichung Jesu und der zwölf Apostel in einzelnen Gruppen je dreizehn Indianer auf, so daß die Füße das Scheiterholz noch gerade berührten. Mit dem Wegbrennen des Holzes zog der Strang langsam zu.

Die wir,

getaufte Christen,
die Lehren DEINES Sohnes
zu des Teufels Ungeist machten
und Wetten schlossen –

wer es schaffe,
lebende Indianer
mit *einem* Schwertschlag zu teilen;

wer es schaffe,
lebenden Indianern
mit einer Pike
den Kopf zu zerspalten;

wer es schaffe,
lebenden Indianern
im Zugriff der Hände
die Eingeweide
aus dem Leibe zu reißen.

Gewonnene Wetten,
verlorene Wetten,

blutgeweinte Schmerzen,
WEIßER TOD.

Erbarme DICH unser.

Geschren

Sie fertigten Roste aus Stäben, die sie in Gabeln hängten. Dann banden sie die Indianer darauf, legten darunter ein sachtes Feuer an und ließen sie lebendigen Leibes langsam verbrennen. Eine Hinrichtungsmethode, die vorwiegend den indianischen Eliten galt. Sie nannten es „rösten".

Die wir,

getaufte Christen,
der Finsternis Boten,
zur Prüfung der Schneidkraft
von Säbeln,
mit schandgieriger Hand
unseren Roten Brüdern,
im Schmerz des Entsetzens,
Arme und Beine
vom Körper fetzten.

Weißer Blutrausch

Rotes Golgatha

Roter Karfreitag

Erbarme DICH unser

Die wir,

Eroberer, Priester und Mönche,
des UN-HEILS Legion,
der Absolutionen und Ablässe sicher,
den Richter in uns entließen,
und im Fortschreiten
brutalen Raubzugs,
brutaler Bekehrung,
brutaler Vernichtung
von Menschen,
brutaler Versklavung,
brutaler Verwüstung,
einen ganzen Erdteil wandelten
in eine römische Arena,
und hinabtauchten
in das Taufwasser aus Tränen,
Grausamkeit und Verwirrung,
uneingedenk
unseres frühen Christseins Geschichte,
selbst von Häschern verfolgt,
dem Staate erklärten,
er habe kein Recht,
zu bestimmtem Glauben zu zwingen;

doch kaum dem Geflecht
der Katakomben entstiegen,
im Atem der Freiheit
uns schon bedienten
des Häschers Waffe und Rock:

Fremde Altäre barbarisch zerstörend
erkühnten wir uns,
in den Gewändern erschlagener Priester
(vom Saume der Stola zur Spitze der Mitra
Zeugnis der Tat,)
am Altar DEINES Sohnes die Hochzeit zu festen
von Kirche und Macht,
und der letzten Skrupel Fessel zerreißend,
mit gefälschter Schrift und gefälschtem Siegel
der „Schenkung Konstantins“,
unauslöschlich die Münzen umprägten:

– GLAUBE in Augendienerei und Fanatismus
– HOFFNUNG in Netze und Schlingen
– LIEBE in Heuchelei und Gewalt
– GERECHTIGKEIT in Tücke und Spitzfindigkeit
– TREUE in Arglist und Käuflichkeit
– DEMUT in Habsucht und Überheblichkeit
– WAHRHEIT in Doppelzüngigkeit und Lüge

Erbarme DICH unser

Sie nahmen unter ihrem Rädelsführer Hernán Cortez ihren Gastgeber, den König der Azteken, gefangen und metzelten mit dem Ruf „Sanct Jago! drauf los!“ den gesamten Hofstaat nieder.

Die wir

im Wahn des Besitzes
alleiniger Wahrheit,
in der Gußform der Kirche
zu ihrer Säule erstarrt,
ein Monstrum zeugten
mit gefräßigen Augen,
mit Zähnen und Krallen
aus Fanatismus und Gier,

alles zermalmend,
alles zerreißend:

Das Reich der Azteken
Das Reich der Maya
Das Reich der Inka
Die Welt der Chibcha
Völker und Stämme
Paläste und Hütten
Alte Kulturen
Heilige Stätten
Vielfalt der Götter
Vielfalt des Glaubens
Vielfalt des Seins

Mag auch *unser* Empfinden
zu Recht sich erheben
gegen entsetzlichen Brauch:
Blutopfer von Menschen
in aztekischen Tempeln –
grausamer Akt der Zelebration;

Sie brachen ihr dem Inka Atahuallpa gegebenes Wort, nachdem dieser alle seine ihnen gegebenen Versprechen eingelöst hatte, und erdrosselten ihn. Vorher erhielt er noch die übliche Zwangstaufe.

doch die Betreiber des Urteils
zum Tod der Eliten,
der Priester und Noblen
im zerschlagenen Reich,
entstammten demselben Haus in Europa,
das dieweil des Geschehens
die Henker für Juden,
Ketzer und Hexen entsandt.

Fremde Schuld ist oft Vorwand
für eigenes schändliches Handeln,
und wie es den Falter
zum Lichte hintreibt,
so trieb es uns Christen,
statt zum Licht DEINES Sohnes,
zum Gleißen des Goldes
der Paläste und Tempel,

plündernd und raubend,
verwüstend und mordend,
watend im Blute
verbrennender Erde.

Erbarme DICH unser

Sie folterten die Indianer, um auch das letzte Gold zu erpressen.

Die wir

in unseren Gebeten
DICH flehentlich riefen,
uns zu bewahren
vor Hunger und Pest,
vor Unterdrückung und Krieg,
selbst mit der Brennfackel des Verderbens
gastfreundliche Völker
roh überfielen
und in die Knechtschaft entführten;
boshaft abweisend DEINEN Ruf,
die Freiheit der Menschen sei heilig,
unseren Roten Brüdern
die Fron auferlegten,
aneinandergekettet
die geraubten Schätze aus Silber und Gold,
unwiederbringliches eigenes Erbe,
auf eigenen Schultern
im eigenen Land
in den dämonischen Rachen
der Schmelzglut zu lasten:

Die Figuren der Götter,
der Sonne, des Mondes,
die Geräte der Tempel,
Türen und Platten,
das Gold der Paläste,
der Häuser und Hütten,
Figuren von Ahnen
und Figuren von Tieren,
Rüstungen, Waffen
und edles Geschmeide,

Kästen und Schemel,
Schalen und Schüsseln,
Becher und Kannen,
endlose Strecken
von reichem Geschirr;

Meisterwerke begnadeter Hände,
aus dem Jenseits der Götter,
aus innerem Geschehen
formgeborene Lichter des Geistes,
Bekenntnis des Lebens
zur Einheit des Seins.

Glanzvolle Vielfalt,
erdrückende Bürde,
Woche für Woche
bei Tag und bei Nacht,
schmolzen die Sklaven,
unter der Peitsche des Zwingherrn,
das eigene und das Werk ihrer Väter
zu schweigenden Barren,
gemäß in Verträgen verankerter Rechte,
zur Verteilung des Anteils
an Throne und Stuhl;
zur Deckung der Kosten
des feigen Krieges,
zur Belohnung der Meute
für geübte Treue
an Staat und Altar.

Doch der Habsucht und Gier
noch nicht Genüge,
brachte der Henker
durch die Gewalt der Folter
noch manches stille Versteck ans Licht,
bis auch der Armreif des Mannes
und der Frau aus dem Volke
in den Taschen der Mörder
und Diebe verschwand.

Erbarme DICH unser

Sie schindeten die Indianer in den Goldbergwerken zu Tode und nahmen an den Geflohenen grausame Strafen vor.

Die wir
in den Schatztruhen anderer Völker
unseren inneren Rufer erstickten
und unfähig wurden,
uns des Blutes
an unseren Händen zu schämen;
denn Sünde und Schuld,
sonst Beugemittel der Kirche,
lagen als gezinkte Karten bereit
für das Spiel der Herren
am Tisch der Geschichte;
und beim Einschank des Weines
verdeckten die Karten,
daß wir nach dem Pflücken
und Keltern der Trauben
den Weinstock zerstörten.

Die blutschweren Lasten
der verwerflichen Beute
fanden den Weg
über die Meere
auf den Schultern von Sklaven
zu den Füßen der Throne –
mit Gnaden empfangen
und summa cum laude.

Unter den Händen
beauftragter Meister,
dem Hämmern und Schlagen,
dem Formen und Gießen,
brachen die Barren
schon bald ihr Schweigen:

In den Kronen
und Wappen
aus den Anklagen von Mord,
Plünderung und Knechtschaft
In den Türen
der Tabernakel
aus den Hälften der durch
Schwertschlag Zerteilten
In den Monstranzen
aus den Schmerzensschreien
vernichteter Völker und Stämme
In den Kruzifixen
aus den Todeskrämpfen
der Gepfählten
In den Kelchen
aus dem Blut der Märtyrer
alten Glaubens
In den Patenen
aus den starren Augen
der Erwürgten
In den Meßkannen
aus dem Angstschweiß der von
Hunden Zerrissenen
In den Ziborien
aus den brennenden Wunden
der Gefolterten
In den Weihrauchgefäßen
aus dem Brodem der Gerösteten
In den Leuchtern
aus den flackernden Zungen
der Erhängten

In den Schreinen
aus den zertrümmerten Köpfen
der Neugeborenen
In den Weihwasserbecken
aus den offenen Mündern
der Ersäuften
In den Statuen
der Jungfrau Maria
aus dem Wehklagen
der Vergewaltigten
In den Figuren
der Heiligen
aus den zuckenden Gliedern
der Verstümmelten
In den Taufschalen
aus den Tränen der Sklaven.

Es erschienen die Götter
und die Geister der Toten
und schleuderten den Fluch
in die tanzende Menge
um das Goldene Kalb,
in die Schatzkammern
der Kathedralen und Dome,
Kirchen und Klöster
und in die Paläste.
Vor DEINEM Zorne
Bewahre uns, o VATER,

denn:

„Kein Ziel rechtfertigt Verbrechen".
(Papst Johannes Paul II. am 3. Februar 1985 in Peru)

Erbarme DICH unser

Sie machten friedliche Ortschaften nieder, vernichteten „unwertes Leben“ und trieben die gesunden Männer, Frauen und Kinder in die Sklaverei.

Die wir

mit den Ausscheidungen menschlichen Denkens
und der Niedertracht Vielfalt,
DEINEN Roten Söhnen und Töchtern
das ihnen von DIR verliehene Leben,
DEINE göttliche Gabe,
höhnisch enteigneten,
und die Wurzeln eigenen Seins,
Lebenskraft und Identität,
zur Bereitung der Saat
von Sünde und Schuld,
zur Bereitung der Fron
im Schatten der Kreuze,
in der Tiefe des Bodens zerstörten;
dunkle Leere bewirkend wo zuvor
Sinn und Ordnung,
Hoffnung und Geborgenheit,
Gemeinschaft und Glaube
heilige Einheit waren
mit DIR, o VATER,
und DEINEM Geschenk,
der MUTTER ERDE.

Weiße Meute,
Rote Beute,
Sklaven im eigenen Land,
zum Gewinnen von Gold
in Flüssen und Gruben,
zum Fischen von Perlen
in den Tiefen des Meeres,

zum Bau von Kirchen,
zum Bau von Klöstern,
zum Bau von Kathedralen,
zum Bau von Palästen,
zum Bau von Häusern,
zum Bau von Straßen,
zum Bau von Märkten,
zum Bau von Galgen,
zum Bau von Dörfern,
zum Bau von Städten,
zum Bebauen der Felder,
zum Einbringen der Ernte,
zur Versorgung des Viehs,
zur Fron im Bergwerk,
zur Fron im Steinbruch,
zur Bedienung der Herren,
zur Bedienung des Klerus;

als Lasttiere erdrückender Bürden,
durch Ketten am Halsring
aneinandergefesselte endlose Reihen
grausamer Prüfung unterworfener Leiber;
Meilen um Meilen
schwer begehbare Pfade,
geschundene Füße,
berstende Schultern;

wehe dem Kranken und dem Erschöpften
wenn er zusammenbrach –
ohne Erbarmen
mit geschliffenem Eisen

schlug der Zwingherr
den Kopf vom Körper –
der Halsring ward leer,
die Last schnell verteilt,
und der Transport zog weiter.

Kaltes Kalkül:
Wert der Güter,
Verluste an Zeit,
Verluste an Menschen;

denn nur den Kaufpreis
zählte das Leben des Sklaven.

Erbarme DICH unser

Die wir

DEINE Lämmer im anderen Haus
wie reißende Wölfe vertilgten,
folgend dem Ruf
von Staaten und Kirche,
verneinend die Pflichten
und Gebote für Hirten;

denn der Vater in Rom,
der Hirt aller Christen,
hatte mit segnenden Händen
freigegeben die Jagd
in DEINEN anderen Revieren,
auf DEINE anderen Herden,

und DEINER Schöpfung Pläne verwerfend,
DEINER Roten Völker MUTTER ERDE
verteilt an die Großen,
an die Herrscher und Partner,

mit Signum und Siegel,
zu Nutzen und Frommen,
zur Vergoldung der Throne
und des Stuhls von Sankt Peter.

Unverkennbar die Pfade getaufter Christen,
gerändert die Wege mit gemarterten Leibern,
gepfählt und erhängt an den Ästen der Bäume,

auf daß Panik und Angst
die Völker ergreife
vor dem Namen und Nahen
der Überbringer der Botschaft.

Im Grauen der Schrecken,
im Akt der Verzweiflung –
Tausende suchten den freien Tod
in den Tiefen der Flüsse,
im Sprung von den Felsen,
durch den Trank von Gift,
durch Enthaltung der Nahrung,
durch gegenseitiges
stummes Entleiben;

Massen-Suicide
ganzer Dörfer,
ganzer Stämme.

Todsünde in den Augen der Kirche,
doch kein Priester vereitelte dieses Leid,
denn – abgesehen von den wenigen Frommen,
trafen geweihte Hände nicht minder brutal,
im Rücken die Macht – ohne Gefühl und Erbarmen.

Einige von diesen erhob der Papst,
für „gottwohlgefälliges Walten“,
in seligsprechender Zeremonie

Sie jagten die Indianer mit abgerichteten Bluthunden, und ihr Rädelsführer, der Gouverneur Francisco Montejo, machte sich vor allem einen Namen dadurch, daß er seine Bestien mit lebenden Kindern der Indianer fütterte. Ein Priester konnte gerade noch einen Indianerknaben vor seinem Ende taufen, nachdem seine Mutter sich und ihn aus Verzweiflung erhängt hatte.

zu Gnade vermittelnden
Leuchten der Kirche;

auch denen zur Verehrung befohlen,
deren Volk durch die un-seligen Taten,
in Untergang und Verderben versank.

Erbarme DICH unser

Bluthunde im Einsatz als Helfer der Hölle,
abgerichtet an lebendigen Sklaven
(oft nur zum Spaß und Vertreib der Zeit),
zum Erspüren der Lage
von friedlichen Dörfern
in den Winkeln der Täler,
in den Verstecken der Wälder,
zur blutigen Jagd
auf Deine Roten Söhne und Töchter.

Beim Aufgang der Sonne
sich stets wiederholend
gleiches Geschehen:

Überfallene Weiler,
überraschte Schläfer,
wehklagende Schreie,
erschlagene Menschen,
zerrissene Leiber,
angefressene Körper,
Neugeborene in den
Rachen von Hunden,
brutal vergewaltigte
Mädchen und Frauen,
verbrannte Heimstätten
und Altäre;

und neue Sklaven
an Ringen und Ketten,

auf den Schultern die Beute,
ihre einstige Habe,
selber schleppend
unter blutigen Schlägen
in die von Reichtum
gefüllten Hallen,
den Tempeln der Christen.

Erbarme DICH unser

Sie hackten und schnitten den Indianern Hände und Nasen ab und fütterten damit ihre Hunde.

Im dunklen Gewölbe der Verzweiflung
entfacht die Not oft geheime Kräfte
zur Verteidigung des eigenen
                    und des Lebens der Schwachen,
und zur Rache für nicht vernarbendes Leid;
doch die Kirchenspinne flocht dichteste Netze
für jeden Tat gewordenen Trieb:
                              Hundert qualvolle Tode
                              für den Tod eines Christen.

Die weltlichen und auch gesalbten Hände
versahen im Buch der Geschichte
der Christen Taten
(ausgelassen oder geschönt und gebogen,)
                         mit der Vokabel:
                                        GERECHTER KRIEG
Die Verteidigung jedoch DEINER Gaben,
des Lebens von Menschen
                    und der MUTTER ERDE,
ward diffamiert bis in unsere Tage
               mit dem Pfeilgift der Sprache:
                                        MASSAKER

Denn Verteidigung des Lebens
und Verteidigung von Besitz,
so lautete der Papisten zynische Regel,
sei allein schon Lästerung GOTTES
und werde mit der Züchtigung Härte bestraft:

                    Mit Schändung und Tötung
                    von Frauen, Männern und Kindern.

                                        Erbarme DICH unser

Die wir

uns den Lehren der Schrift widersetzten
und vor den Götzen
Gold und Geld,
Macht und Ruhm,
gleich neben dem Sakrament DEINES Sohnes
anbetend in tiefer Andacht verharrten,
und DEINE Roten Söhne und Töchter,
die DICH ohne Bibel erkannten und liebten
in Brüderlichkeit mit allem was lebt,
als „Götzenanbeter" und „Heiden" zerbrachen,
und den Tod DEINES Sohnes Tag für Tag
im Zeichen des Kreuzes aufs neue vollzogen:

Mord an Millionen und
abermals Millionen
unschuldiger Roter
Brüder und Schwestern,
infernalisch gemartert
an Seele und Leib,
in endloser Finsternis,
an endlosem Karfreitag –

Zerstörte Tempel, zerstörte Altäre,
zertretener Glaube, zertretener Brauch,
Vernichtung des inneren Tempels der Seele,
zerborsten das EINS–SEIN mit Erde und All;

zerschundene Leiber in der Fron von Herren
beim Erstehen der Kirchen, Klöster und Dome
aus der Kraft unterjochter Völker und Stämme

auf den Trümmern einstmals heiliger Stätten;
bereitet zum Einzug der fremden Götter,
von der Kirche Heilige und Vorbild genannt,
zum Einzug im Geflut der Pracht von Gewändern
ernstfeierlich-magisch zelebrierter Macht –

der Bischöfe und Äbte,
Inquisitoren, Prälaten,
Kapläne und Pfarrer,
der Patres und Fratres
und Exorzisten
mit langem Gefolg;

Erzeuger der Enge von Sünde und Beichtstuhl,
Mittel zum Eingriff in menschliche Tiefen,
Werkzeug der Herrschaft urbi et orbi.

– Verwiesener Blick aus lichtvollen Weiten
in einer verhangenen Kammer Leere

– Erloschene Gluten in den Wassern der Taufe

– Entwurzelte Kräfte eigenen Werks

– Zerrissene Ordnung zersplitterter Einheit

– Gespaltenes Leben in Seele und Leib

– Verbanntsein im Raum von Gericht und Gnade

– Verwirrte Verstrickung von Böse und Gut

– Androhung von Strafen im Diesseits und Jenseits

– Vertriebene Freuden in die Zeit nach dem Tod

– Gewalttat an Völkern unter der Maske der Liebe

– Koloniale Verfälschung der Identität

Denn – beim festlichen Einzug
in die Kirchen und Dome
fehlte der EINE –
es fehlte DEIN Sohn.

Erbarme DICH unser

Die wir,

getaufte Christen,
Mächte des Schattens,
den Boden furchtbar bereitet
für schändliche Ernte,
stumm auf die Frage
nach dem Bruder Abel.

Verschlossene Gitter
aus erstarrtem Glauben,
zu Gehorsam aus Ohnmacht
und nackter Furcht,
zur Nutzbarmachung
DEINER Roten Völker,
hörig dem Trieb,
der das Elend beschwört.

Heuchelei und Lüge,
legitime Kinder
aus dem Schoß der Kirche,
überbrachten den Korb
gefüllt mit Früchten
in die Lager der Sklaven;
denn in Stadt und Dorf
bezeugte Praxis,
daß geweihte Hände
nicht nur umfaßten
den Kelch des Mahls,
wenn geheuchelte Liebe
und verlogene Tugend
in der Begierde sich trafen.

Sklavinnen im Beichtstuhl,
unerbittlich umbuhlt
von Trägern der Würde
im Vollzuge des Bruchs
zölibater Treue,
galten frei jeglichen Makels,
wenn der Ekstase Verzückung
sich im Raume der Kirche vollzog.

Neugeborene,
Wunder des Lebens,
semper et ubique opus Dei;

Neugeborene
aus dem Akte der Zeugung
in einziger Stunde
verschwisterter Gleichheit
von Sklaven und Herren;

Neugeborene
aus dem sprühenden Funken
einziger Sekunde
unmaskierter Begegnung mit DIR;

Neugeborene,
lebendiges Zeugnis
entsandt in die Zukunft,
frühe Mestizen,
neue Sklaven
aus den Wunden des Schweigens
leidvoll geheiligter
Herzen von Müttern.

Erbarme DICH unser

Wachsende Städte,
wachsende Dörfer,
wachsende Klöster,
wachsender Wohlstand,
wachsende koloniale Macht;

maßlos wachsendes
    Siechtum von Sklaven
    unter den Stiefeln
    von Herren und Klerus
    im weißen Getriebe
    von Geld und Gewalt;

Nager am Marke
    entkräfteter Reste
    vernichteter Völker,
mit schändlicher Hand
    und erdreistetem Recht
Rechtlosigkeit übend
    im Zeichen des Kreuzes
    und unserer Lieben Frau;

    weiße Klauen,
    weiße Fron,
    weißes Morden,
endlose Ketten
    zertretener Perlen,
    Tränen von Brüdern
    und Schwestern geweint,
auf dem Boden der Väter,
    unter der Krone von Dornen.

Sie verbrannten in Cuba unter vielen anderen auch den Kaziken Hatuay. Vor seiner Hinrichtung wollte man ihn taufen, damit er in den Himmel käme. Der Kazike fragte den Geistlichen, ob denn auch Christen in den Himmel kämen. Ihm wurde die Frage bejaht. „Sogleich, und ohne weiteres Bedenken, erwiderte der Kazike, dort wolle er nicht hin, sondern lieber in die Hölle, damit er nur dergleichen grausame Leute nicht mehr sehen, noch da sich aufhalten dürfe, wo sie zugegen wären."

Gespenstische Flächen –
von der Sense des Todes
DEINER Roten Söhne
entvölkerte Erde,
von Bluttau genetzt,
mit Bitternis klagend
was einmal war.

Leere Weiten,
offene Weiten,
offene Häfen,
geöffneter Schoß
zum Empfang bereitet
von neuem Leben –
aus Heimat und Blut,
Entsetzen und Klagen
DEINER gemarterten
Schwarzen Völker.

Erbarme DICH unser

Die wir

Händler, Wechsler und Fälscher,
das Haus DEINES Sohnes
zur Markthalle machten
und das Buch der Schrift,
uns zur Weisung gegeben,
heimlich mit einem
Bilanzbuch vertauschten,

für Geschäfte mit Thronen,
Händlern und Banken,
mit Grundbesitz,
Benefizien und Lehen,
Urkunden und Titeln,
Würden und Ämtern,
Stühlen und Sitzen,
Freudenhäusern und Rechten,
Reliquien und Ablässen,
mit dem Schweiß von Sklaven
und leibeigener Bauern,
mit dem Anteil der Beute
aus unterjochten Ländern,
mit konfiszierter Habe
verbrannter Ketzer,
Hexen und Juden,

et cetera multum et multa.

Christliche Seefahrt
unter dem Banner des Kreuzes,

im Dienst der Versklavung
DEINER Schwarzen Söhne,
DEINER Schwarzen Töchter,
vom Winde der Gier
und Leviathans getrieben.

Multinationale hohe
und höchste Gewinne
in den Kassen Europas,
aus dem Handel mit Sklaven
und ihres Werkens Produkt;

doch die roten Zahlen
inneren Defizits
waren mit Blut geschrieben
– und wurden verhehlt.

Erbarme DICH unser

Die wir,

Bringer des Schicksals
von Vernichtung und Blut,
die vom Tod DEINER Roten
Söhne und Töchter
leidgetränkte, zerackerte Erde,
DEINEN Schwarzen Völkern
zu plündern befahlen,
in der Fron christlicher Botschaft
und Zivilisation.

Handel mit Menschen –
von glühendem Eisen
auf schwarzer Haut
gebrandmarkte Ware
in christlichen Häfen;

frische Importe
feiger Beute
lizensierter Treibjagd
aus Afrikas Wäldern,
in eigens gerüsteten
Schiffen für Sklaven;

tief unter Deck –
lichtlose Drangsal,
in finsteren Engen,
in Ketten und Schellen
malträtierte Körper,
gefolterte Seelen
von Peitschen bewacht;

fern von Vätern und Müttern –
verzweifelte Trauer
zerschlagener Wurzeln,
anklagendes Weinen
aus schreienden Wunden
der Nacht.

Erbarme Dich unser

Die wir,

getaufte Christen,
in der Höllenglut unersättlicher Gier,
einen Kontinent schmiedeten
aus Brandeisen und Ketten,
Schwaden ausstoßend
von Menschenhaß und Gift,
und verschwiegen, daß wir
mit Bedacht übersahen
den für uns bereiteten
Tisch DEINES Sohnes
und Gastfreundschaft nahmen
im Hause Judas,
besiegelnd das profitträchtige
Werk des Verrats
an DEINEN Schwarzen Söhnen und Töchtern,
an unseren Schwarzen Brüdern und Schwestern.

Menschenfrachten
um Menschenfrachten,
einen Monat um den anderen,
ein Jahr um das andere,
ein Jahrzehnt um das andere,
ein Jahrhundert um das andere;

Millionen und
abermals Millionen
Trennungen durch rohe Gewalt,

Millionen und
abermals Millionen
grausam enteignete Leben,
Millionen und
abermals Millionen
barbarische Verkäufe von Menschen,
Millionen und
abermals Millionen
bestialische Peitschenschläge,
Millionen und
abermals Millionen
Karfreitage ohne Aussicht
auf Ostern,
Millionen und
abermals Millionen
Stimmen im schwellenden Chor
schmachvollen Kreuzes Trauer,
sich vergießende Klänge
in blutflutende Wellen
bis hin zu den Ufern
unserer Zeit:
E C C E , H O M O !
Mensch, betrachte,
schaue diese Menschen an !

Mädchen und Frauen
freigegeben der Lust
von Matrosen

Erbarmungslos

Männer und Frauen
auf Deck gejagt,
zum Tanzen und Singen
unter den Schlägen
von Peitschen

Erbarmungslos

Bei Gefahren auf See,
als Ballast
über Bord geworfen,
den Haien zum Fraß

Erbarmungslos

Auf Sklavenmärkten
brutal für immer getrennt
von Vätern und Müttern,
Brüdern und Schwestern,
Männern und Frauen,
Kindern und Freunden

Erbarmungslos

Abgeführt
in lebenslängliche Fron
von Plantagen, Steinbrüchen,
Gruben und Minen

Erbarmungslos

Mit rabiaten Mitteln
christianisiert

Erbarmungslos

Durch Gewalttat
an Körper und Seele
in den Freitod getrieben

Erbarmungslos

Zu Tode gegeißelt
mit neunschwänziger Peitsche

Erbarmungslos

Tote Brüder
blutgierigen Hunden
vorgeworfen zum Fraß

Erbarmungslos

Frauen und Mädchen
als Freiwild
für sadistische Akte

Erbarmungslos

Unter Qualen genötigt,
eigene Brüder
lebendig zu begraben

Erbarmungslos

Bestraft mit Kastrieren

Erbarmungslos

Bestraft mit Abhacken
eines halben Fußes

Erbarmungslos

Bestraft mit Abhacken
eines Beines

Erbarmungslos

Bestraft mit Herausbrechen
der Zähne

Erbarmungslos

Bestraft mit Abschneiden
des Penis

Erbarmungslos

Auf dem Boden in Kreuzform
an Pflöcke gefesselt,
zu Tode gepeitscht

Erbarmungslos

An Halseisen gekettet,
Füße, Beine und Schenkel
verbrannt

Erbarmungslos

Gefesselt und übergossen
mit siedendem Fett

Erbarmungslos

Eingegraben bis zum Hals,
den Kopf mit Zucker bestrichen,
überlassen den Insekten
zur Fortführung der Tat

Erbarmungslos

Scharfe Dorne
tief in den Mund gedrängt

Erbarmungslos

Von Bluthunden
gehetzt und zerrissen

Erbarmungslos

In Fesseln den Mastdarm
mit Pulver gefüllt
und in die Luft gesprengt

Erbarmungslos

An gestachelten Halseisen
ausgepeitscht und
übersät mit offenen Wunden

Erbarmungslos

Auf dem Boden
an Pflöcke gefesselt,
Hände, Füße und Körper
nacheinander
langsam verbrannt

Erbarmungslos

Frauen und Mädchen
in Menschenfarmen gehalten,
zum Empfang und Gebären
die Erben des Leids

Erbarmungslos

Häupter voll Blut und Wunden,
von keinem Lied beweint;

schmerzbrennendes Golgatha,
entzündet in endlosen
Gliedern von Ketten;

Schwarzes Golgatha
auf Roter Schädelstätte,
vor dem jegliches Blendwerk
getünchter Moral
verstummt.

Es kamen die alten Götter

und brachten die Toten nach Haus

Erbarme DICH unser

Sie lockten einen Teil des Gefolges der Königin des Reiches Xaraqua (Haiti) in ein Haus von Stroh und zündeten es an; alle anderen machten sie mit Lanzen nieder oder ließen sie über die Klinge springen. Die Königin Anacoana aber erhängten sie.

Die wir,

getaufte Christen,
weiße Kannibalen,
andere Völker verschlangen,
geübt in sophistischer
Kunst des Verdrehens,
an Thron und Altar
die Wandlung vollzogen
von Verbrechen in
Taten des Heils,
und für das Flechten
von Kronen aus Dornen,
mit gestohlenem Lorbeer
uns selber bekränzten:

Denkmäler,
dunkle Gestalten
finsteren Blicks,
Gewalthaber,
versteinerte Seelen
nachgebildet aus Stein,
auf Sockeln
gefertigt aus Ruhmsucht,
Menschenhaß,
Fanatismus und Gier;

Götzenbilder,
eitel heroische
weiße Namen
in goldenen Lettern,
düstere Namen

in der Geschichte
leidüberfluteter,
grausam mißhandelter
Völker und Stämme;

K O L U M B U S
C O R T E Z
P I Z A R R O

Heiligenscheine
vielgesichtiger
gigantischer Lügen,
stehen für A L L E
auf Plätzen und Märkten,
vor Kirchen und Domen;

Schatten von Millionen
und abermals Millionen
ausgebrannten Leben,
Bluttaten an DEINEN
Roten Söhnen und
Töchtern,

Mahnmale zur Umkehr
in unserer Zeit.

Doch allüberragend
erhebt sich der Geist
der indianischen Völker,
aus den heiligen Tiefen
zerstörter Tempel,

durch aufgepfropfte
Altäre und Wände
von Kathedralen, Domen,
Kirchen und Klöstern
bis hinauf in die Spitzen
der Dächer und Türme,
den erwachsenen Werken
aus Schmerz und Trauer,
aus Händen und Schweiß
unserer Roten Brüder
in der Fron ohne Gnade
tonsurierter Herren.

Fortleben die Geister
der Götter und Ahnen
im Atem der Mauern,
der Böden und Säulen,
Gewölbe und Nischen,
anklagend mit jedem
Schlage der Glocken,
durch Räume und Zeiten
bis in diese Stunde,
das nicht endende Leid
nicht endenden
Roten Karfreitags –

Rotes Blut
an Weißen Kreuzen
auf Roter Erde,
ohne Unterbrechung,
ohne Hoffnung;

Marksteine,
Kreuze an Wegen
dieses Jahrhunderts:
  – Ausrottung
  – Vertreibung
  – Verarmung
  – Entmenschlichung

Pogrome,
entfacht durch
Finger von Totengräbern
an gierigen Händen
getaufter Christen;

Massen-Genozid
an Resten von Völkern
im Dienst des Profits
multinationaler
Konzerne von Christen;

verschwiegen von Staaten,
Ämtern und Presse,
und auch kein Wort
von den Kanzeln der Kirchen;

absolute Tarnung
der Komplizenschaft Kains,
– manus manum lavat;

und immer wieder
Todesschreie und Tränen,
in den schweigenden Wäldern
des Amazonas –

Vor DEINEM Zorne
Bewahre uns, o VATER

Erbarme DICH unser

V A T E R ,

befreie DEINEN Sohn
aus den Fängen der Kirchen,
zerschlage seine goldenen
Ketten und Fesseln
an der brüchigen Säule
entleibten Worts,
aufdaß er wie einst
frei unter uns wohne
und die Krämer und Fälscher
aus dem Tempel vertreibe.

Heile die erblindeten
Augen der Herzen,
damit wir den Schlüssel
suchen und finden,
den DU bereithältst
für den Frieden der Menschen,
in dem durch alle
Nächte der Stürme
heilig bewahrten
Erbe der Weisheit
unserer Roten Brüder,
in der Brüderlichkeit
mit allem was ist –
im Westen
im Norden
im Osten
im Süden
im EINSSEIN mit DIR
und der MUTTER ERDE.

Ein Indianer spricht

„Wenn der Durchschnittschrist von dem Elend hört, das durch seine Religion und deren Anhänger über die Völker der Welt gekommen ist, hält er dem sofort entgegen: ›aber das waren auch keine richtigen Christen.‹ Tatsache aber ist, daß sie richtige Christen waren. Zu ihrer Zeit genossen sie alle Vorteile und Vorrechte, die das Christentum zu bieten hatte. Sie wurden als Helden des Glaubens gefeiert, die alle Gefahren auf sich nahmen, um eine christliche Gesellschaft auf den Trümmern der Heidendörfer aufzubauen. In den Sonntagsschulen wurden sie als Heilige der christlichen Kirche verehrt. Städte, Flüsse, Berge und Seen wurden nach ihnen benannt.

Wenn die Ausbeuter von damals keine Christen waren, warum wehrten sich dann die echten Christen nicht dagegen, daß ihr religiöses Erbe und ihr Glaube mißbraucht wurden? Wo sind die Christen Kanadas, die Pierre Trudeau verurteilen, weil er den kanadischen Indianern gegenüber keine christliche Haltung zeigt? Auch in Brasilien gibt es nur sehr wenige Christen, die sich gegen das wenden, was die Regierung tut.

Warum dulden Christen schweigend, daß im Amazonasgebiet Tausende von Indianern für die kommerziellen Ziele amerikanischer Geldgeber unchristlich vergiftet werden, und verlangen nicht die Entlassung der Leiter von US-Konzernen, die die Zerstörung am Amazonas unterstützen? . . .

Eine stabile menschliche Gesellschaft ohne Ausbeutung wäre der erste Schritt zu einem neuen Geschichtsverständnis. Unsere Erde wurde nicht dem Papst geschenkt, und daß er sie an die von ihm bevorzugten europäischen

Herrscher verteilte, ist ungesetzlich in des Wortes grundlegender Bedeutung. Die gegenwärtige hemmungslose Ausbeutung der Länder und Völker durch nachchristliche multinationale Konzerne mag die logische Folge der westlichen Geschichte, muß aber nicht das Endergebnis sein. Seinen Gott, wenn es denn einen solchen gibt, auf eine bestimmte Handlungsweise festzulegen und damit auch die Folgen seines Eingreifens zu bestimmen, ist unreligiös und äußerste Torheit, denn die göttliche Macht ist nicht an menschliche Glaubensvorstellungen und Dogmen gebunden. . . .

Alles Land dieser Erde schreit zu den Menschen nach Erlösung, aber es ist eine Erlösung durch Heilwerdung, keine übernatürliche Verklärung am Ende der Zeit. Der Planet selbst schreit zu den lebenden Wesen um Hilfe. Religion besteht nicht in Predigten und Schriften, sie ist eine Kraft, die auf der Erde und im Universum Harmonie und Einheit schafft. Der Geist des Landes wartet auf die Menschen, die ihn erkennen und verstehen. Jedes Flußtal, die zerklüfteten Berge, die stillen Seen, sie alle rufen um Hilfe und nach der Erlösung vom nicht endenden Fluch der Ausbeutung und Zerstörung."

Vine Deloria jr. *
Oglala-Lakota (Sioux)
Jurist und Theologe

* Vine Deloria, *Gott ist rot / Eine indianische Provokation,* 1984; (s. Literaturverzeichnis Nr. 4)

Materialien
zur Vergangenheit und Gegenwart

Hinweis: Die eingeklammerte Zahl benennt die Stelle im Literaturverzeichnis, wo die zitierte Veröffentlichung zu finden ist.

Seite 21

„Man muß sich in Erinnerung rufen, mit welcher Aufgeschlossenheit und Freundlichkeit sie (die Indianer, Hg.) anfangs die Weißen empfangen hatten! Kolumbus rühmte wiederholt ihre Gutmütigkeit und ›gesittete Lebensart‹. Die Indianer hatten sich den Fremdlingen ohne allen Argwohn genähert und bereitwillig zum Tausch angeboten, was sie besaßen. ›Es sind Menschen von Liebe und ohne Habgier . . . Ich glaube, daß es in der Welt kein besseres Volk noch besseres Land gibt‹, schrieb Kolumbus an die Katholischen Könige (zit. bei Konetzke: Süd- und Mittelamerika I, S. 14). ›Sie liebten ihren Nächsten wie sich selbst, sie haben die lieblichste Sprache der Welt und sind sanftmütig und immer lachend.‹ Aber alle Vorzüge konnten ihr Verderben nicht aufschieben.“ Hartwig Weber (33), S. 146

Seite 22

Bartolomé de Las Casas, Dominikanermönch und späterer Bischof von Chiapas in Mexiko, der von 1502 bis 1547 in den spanischen Kolonien Mittelamerikas lebte und

Zeuge der Ausrottung der Indianer wurde, berichtete:

„Die Insel Hispaniola (Haiti, Hg.) war es, wo die Christen ... zuerst landeten. Hier ging das Metzeln und Würgen unter jenen unglücklichen Leuten an. Sie war die erste, welche verheert und entvölkert wurde. Die Christen fingen damit an, daß sie den Indianern ihre Weiber und Kinder entrissen, sich ihrer bedienten, und sie mißhandelten ..." Die Indianer versuchten verzweifelt sich zu wehren und die Eindringlinge zu vertreiben. Las Casas: „Die Spanier hingegen, welche zu Pferde und mit Schwertern und Lanzen bewaffnet waren, richteten ein greuliches Gemetzel und Blutbad unter ihnen an. Sie drangen unter das Volk, schonten weder Kind noch Greis, weder Schwangere noch Entbundene, rissen ihnen die Leiber auf und hieben alles in Stücke, nicht anders, als überfielen sie eine Herde Schafe, die in den Hürden eingesperrt wäre ... Neugeborene Geschöpfchen rissen sie bei den Füßen von den Brüsten ihrer Mütter und schleuderten sie mit den Köpfen wider die Felsen ... Andern banden oder wickelten sie dürres Stroh um den Körper, zündeten es an, und verbrannten sie. Andern, die sie bloß deswegen am Leben ließen, hieben sie beide Hände ab, banden sie ihnen an, jagten sie sodann fort, und sagten: gehet hin (wohl zu merken) mit diesem Sendschreiben, und bringt euern Landsleuten, die sich ins Gebirge geflüchtet haben, etwas Neues!"
(20), S. 14/15

5. Gebot: Du sollst nicht töten
6. Gebot: Du sollst nicht Unkeuschheit treiben
9. Gebot: Du sollst nicht begehren deines nächsten Weib
10. Gebot: Du sollst nicht begehren deines Nächsten Hab und Gut

Ein Yekuana-Indianer aus unserer Zeit:

„1492 ging Kolumbus hier an Land, um unsere Völker und unsere Zivilisation zu zerstören; daher ist der 12. Oktober ein trauriger Tag für uns, und wir, die Eingeborenen Amerikas, müßten uns eigentlich dagegen wehren, daß dieser Tag in Amerika gefeiert wird. Mit der Ankunft Kolumbus' begann unsere Zerstörung und Diskriminierung, und etwas später fingen die Missionare an, bei uns einzudringen. Der Missionar kam mit seinem Hochmut als Besitzer ›der‹ Religion, und er kam zu unseren Völkern unter dem Vorwand, uns zu lehren . . . Und auch heute noch wird durch die Missionare die Konquista und die Kolonisierung fortgesetzt." Siméon Jiménez Turón, in: *Indianer in Lateinamerika* (13), S. 108/109

Papst Johannes Paul II. am 25. Januar 1979 in Santo Domingo (Haiti):

„Ich danke Gott, daß er mir gestattet, dies Stück amerikanische Erde, das geliebte Land des Kolumbus, als erste Station meiner Reise zu betreten . . . auf dem Weg, den die ersten Glaubensboten nach der Entdeckung des

Kontinents einschlugen. Ich denke an die Ordensleute, die hierherkamen, um Christus, den Erlöser, zu verkünden, um die Würde der Eingeborenen zu verteidigen, für ihre unantastbaren Rechte einzutreten, ihre ganzheitliche Entwicklung zu fördern und sie Brüderlichkeit als Menschen zu lehren, die Kinder des einen Herrn und Vaters sind.

Ich möchte zugleich ein Zeugnis der Dankbarkeit für jene ablegen, die das bewundernswerte Werk der Evangelisierung in diesem Land der Neuen Welt vollbracht haben, wo das erste Kreuz aufgepflanzt, die erste Messe gelesen und das erste Ave Maria gebetet wurde und von wo nach vielerlei Schicksalen der Glaube auf die anderen nahen Inseln und weiter auf das Festland ausstrahlte." (15), S. 12 u. 14

Seite 23

„Mit einem Wort, ich habe es häufig mit angehört, daß weltliche Spanier sogar, die mehrere Jahre sich dort aufgehalten hatten und die Gutmütigkeit dieses Volkes nicht in Abrede stellen konnten, zu sagen pflegten: diese Leute wären die glücklichsten auf der Welt, sofern sie nur die wahre Erkenntnis Gottes besäßen. Unter diese sanften Schafe, die ihr Schöpfer und Urheber mit oben erwähnten Eigenschaften begabte, fuhren die Spanier, sobald sie nur ihr Dasein erfuhren, wie Wölfe, Tiger und Löwen, die mehrere Tage der Hunger quälte. Seit vierzig Jahren haben sie unter ihnen nichts anders getan, und noch bis auf den heutigen Tag tun sie nichts anders, als daß sie dieselben zerfleischen, erwürgen, peinigen, martern, foltern, und sie durch tausenderlei eben so neue als seltsame Qualen, wovon man vorher nie etwas ähnliches sah, hörte oder las . . . auf die grausamste Art aus der Welt vertilgten." Bartolomé de Las Casas (20), S. 10/11

„Man sagt, er (Las Casas, Hg.) übertreibe, wenn er den Spaniern vorwirft, die Urbevölkerung Haitis binnen kurzem von drei Millionen auf zweitausend Menschen heruntergebracht zu haben. Aber nicht nur im Prinzip hat Las Casas sich nicht getäuscht – wahrscheinlich stimmt sogar seine Größenordnung." Gert v. Paczensky (22), S. 89

Papst Johannes Paul II. am 25. Januar 1979 in Santo Domingo (Haiti):

„Einmal war dieses Land hier, die heutige Dominikanische Republik, der erste Empfänger einer großen Evangelisierungsbewegung, die dann von hier aus ihre Antriebe erhielt, und wir können dieses Werk heute nur mit Bewunderung und Dankbarkeit betrachten.
Seit dem Ende des 15. Jahrhunderts öffnete sich dieses geliebte Volk hier dem Glauben an Jesus Christus, und es ist ihm bis heute treu geblieben. Der Hl. Stuhl hat seinerseits die ersten Bischofssitze Amerikas hier auf dieser Insel errichtet – später dann den Sitz des Erzbischofs und Primas von Santo Domingo.
. . . So war die Kirche auf dieser Insel die erste Instanz, die sich für Gerechtigkeit einsetzte und die Rechte der Menschen überall, wo sich die Länder der Evangelisierung öffneten, verteidigte." (15), S. 16/17

Seite 24-26

„Der Handel (Sklavenhandel, Hg.) war legal und verursachte den Beteiligten keinerlei Skrupel, hatte doch selbst Papst Nikolaus V. in seiner Bulle ›Divino amore communiti‹ vom 18. Juni 1452 die Sklaverei legitimiert, indem er den portugiesischen König ermächtigte, die Länder der Ungläubigen zu erobern, ihre Bewohner zu vertreiben, zu unterjochen und in ewige Knechtschaft zu zwingen: ›. . . invandendi, conquirendi, expugnandi et subjudandi illorumque personas in perpetuum servitutem redigendi.‹" Marianne Kesting (18), S.109/110

„Kolumbus hatte vor der Fahrt nach Westindien bereits Erfahrung im Sklavenhandel im westafrikanischen Guinea gesammelt und erkannte sofort die Chance, mit den Menschen auf den westindischen Inseln die Belieferung der europäischen Sklavenmärkte aufzunehmen oder sie als Arbeitskräfte an die Kolonisten in den bald folgenden spanischen Kolonien der Neuen Welt zu verkaufen . . . Er schickte verschiedene Male eine größere Zahl von Indianern auf den Sklavenmarkt nach Spanien: im Februar 1495 in vier Schiffen etwa 500 Indianer im Alter von 12 – 35 Jahren, im Juni 1495 weitere 300. Anfangs stand sogar der Bischof Rodriguez de Fonsca, königlicher Beauftragter in den Angelegenheiten der überseeischen Entdeckungen, selbst als Auftraggeber hinter dem Sklavenverkauf der Indianer in Sevilla. . . . Kolumbus errechnete genau, wieviel Sklaven jährlich zusammen mit Brasilholz verschifft werden könnten und stellte diese Kalkulation auf, die Ulrich Küntzel in seinem Buch *Die Finanzen großer Männer* wiedergibt:

Kalkulation für den jährlichen Versand von je 4000 Sklaven und 4000 Zentnern Holz von San Domingo nach Sevilla

Transportkosten	6 Millionen Maravedi
Erlös	40 Millionen Maravedi (= 85% des Erlöses)
Reingewinn	34 Millionen Maravedi (= ca. das Sechsfache des eingesetzten Kapitals)

Mit gutem Grund verwies der geschäftstüchtige Kolumbus, der ›wohlvertraut mit der Moraltheologie‹ war, nach der ›die Versklavung von Nichtchristen mit der Begründung‹ gerechtfertigt sei, ›daß Heiden ohnehin zu ewiger Verdammnis verurteilt seien‹ (Küntzel), immer wieder auf die zu erzielenden hohen Gewinne, ›um bald sehr reich zu werden‹, wie er freimütig bekannte.“ Hans Dollinger (10), S. 227/228

„Es gab keine Grenzen mehr für die alles unterwerfende soziale Macht des Goldes. Wenn wir Kolumbus Glauben schenken dürfen, konnte für Gold alles erworben und verkauft werden, selbst das Paradies. Und da die Insel La Española (Haiti, Hg.) nicht über so reichliche Goldmengen verfügte, wie seine Gier sie sich wünschte, bemächtigte er sich der Indios als Ware, indem er sie als Sklaven verkaufte. Immerhin war die Handelsgesellschaft des Kolumbus das erste kapitalistische Unternehmen des Neuen Kontinents.“ Jaime Diaz-Rozotto (9), S. 12

Papst Johannes Paul II. am 28. Januar 1979 in Puebla (Mexiko):

„Freuen wir uns deshalb darüber, daß in der Geschichte Lateinamerikas der Kirche Anerkennung zu zollen ist für alles, was sie für die Familie auf diesem weiten Kontinent schon getan hat, noch tut und tun wird." (15), S. 63

Seite 27

„. . . setzte man die Befriedung der neuen Inselkolonien mit einem ›Bekehrungswerk‹ fort, das wie zu Zeiten der Christianisierung der Heiden in der Alten Welt nur die Alternative Tod oder Taufe kannte – und oft war die Taufe gar nicht ernst gemeint." Hans Dollinger (10), S. 228

„Es wird berichtet, daß der Mönch Salvador de Guerra 1655 in Oraibi einen Hopi beim ›Götzendienst‹ antraf, und ihn in Anwesenheit des ganzen Dorfes auspeitschte, bis er von Blut triefte, ihn dann mit Öl übergoß und anzündete." Frank Waters (31), S. 264

„Die Zahl der christlichen Märtyrer war in Wirklichkeit so gering, daß man hinterher eifrig neue erfand, die überdies viel heroischer und herausfordernder litten und starben als die demütigen echten Zeugen . . . Der Blutstrom, der die Geschichte des antiken Christentums angeblich durchrinnt, ist zum großen Teil legendär."
Karlheinz Deschner (5), S. 347

Seite 29-30

Die aufgezählten Verbrechen finden sich in den Texten bei Bartolomé de Las Casas (s. Literaturverz., Ziff. 20)

Seite 31-33

Bartholomé de Las Casas (20), S. 15

Seite 35

Nach einem Bericht des Kapuziners Thevet über die Greueltaten der Franzosen im alten Kanada. Aufgeführt bei Gert v. Paczensky (22), S. 242

Seite 36

„Tolerant war die Kirche nur, solange sie eine Minderheit bildete und ihr eine erdrückende Mehrheit gegenüberstand. In dieser Zeit fanden die Christen kein Ende, aus ihrer Not eine Tugend zu machen und aller Welt zu versichern, wie gut sie doch seien . . . Sobald der Staat aber das Christentum privilegierte, war es mit der Forderung nach Toleranz und Religionsfreiheit vorbei." Karlheinz Deschner (5), S. 465/466

Seite 37

„. . . die Verbreitung des Mithrakultes wuchs so, daß er dem Christentum ein gefährlicher Rivale zu werden drohte . . . auch der Mithrakult kennt eine Taufe und eine Art Abendmahl, das aus Brot, Wasser und Wein besteht, ebenfalls als Erinnerung an eine letzte Mahlzeit des Meisters, der darauf auf dem Sonnenwagen zum Himmel fuhr . . . Der Lichtcharakter des Mithras setzte sich durch seine zunehmende Identifikation mit dem Sonnengott so weit durch, daß Mithras als Sol Invictus (›unbesiegte Sonne‹) einen Feiertag am 25.12. erhielt." Alfred Bertholet (2), S. 364

„Dann jedoch erlag der Mithriacismus, wie alle anderen Kulte, dem Verbot der katholischen Kaiser. Von der Kirche aufgestachelt, haben die Christen noch im 4. Jahrhundert seine Anhänger überall verfolgt, die Mithräen geplündert, die Priester getötet und in den geschleiften Tempeln begraben." Karlheinz Deschner (5), S. 80

„Schließlich aber übernahm die Kirche auch die liturgische Kleidung aus den Mysterienreligionen, und zwar mit fast allen Details." Karlheinz Deschner (5), S. 280/281

„Nun beeilte man sich allerdings, dem soeben durch zwei blutige Kriege geschaffenen Kirchenstaat einen etwas idealeren Ursprung zu geben. Man fälschte nämlich noch unter Pippin die sogenannte Donatio Constantini, die Konstantinische Schenkung, die an die Silvesterlegende anknüpft. Der schreckliche Christenverfolger Konstantin (!) war demnach durch Papst Silvester I. vom Aussatz geheilt, bekehrt und getauft worden und hatte zum Dank den Papst mit kaiserlichen Würden und Rechten reich beschenkt, nicht nur, wie es der Wirklichkeit entspricht, mit dem Lateran, sondern auch mit der Stadt Rom und sogar mit ›allen Provinzen Italiens und der westlichen Lande‹.

Diese berüchtigte, den Kirchenstaat als ein Geschenk des ersten christlichen Kaisers ausgebende, mit Datum und eigenhändiger Unterschrift versehene Urkunde, spielte als ›klassisches Beweisstück‹ eine hervorragende Rolle im Kampf der Päpste gegen die Kaiser . . .

Nachdem schon im 12. Jahrhundert die Anhänger Arnolds von Brescia den Betrug erkannt hatten, deckte ihn endgültig 1440 der päpstliche Sekretär und Humanist Laurentius Valla in einer Schrift auf, die Ulrich von Hutten im Jahre 1519 publizierte. Die römisch-katholische Geschichtsschreibung aber gab die Fälschung erst seit dem 19. Jahrhundert zu." Karlheinz Deschner (5), S. 423

Seite 39 und 41

„Die altamerikanischen Kulturen aber, eigenständig bei den Indianern in Mittel- und Südamerika entstanden und entwickelt, waren von den aufgetretenen Eroberern aus der Alten Welt, von Männern wie Kolumbus, Cortez und Pizarro, in verbrecherischer Weise vernichtet und zerstört worden, ›zerstört gleich einer Sonnenblume, der ein Vorübergehender den Kopf abschlägt‹ (Oswald Spengler)." Hans Dollinger (10), S. 246

„Als Hernán Cortés an den Hof Moctezumas kam, ›wußte er nicht, wie er seinem Staunen über das, was er sah, Ausdruck geben sollte.‹ In seinem zweiten Bericht an den König von Spanien schreibt er, als er auf die mexikanischen Häuser zu sprechen kommt: ›Die Wohnhäuser sind so wundervoll, daß es mir unmöglich ist, ihre Schönheit und Pracht recht zu beschreiben. In Spanien gibt es nichts Ähnliches‹." Fausto Reinaga (24), S. 30/31

„Bei der Eroberung der Stadt Mexico wurden 200000 Azteken getötet. Die Überlebenden transportierte man zur Zwangsarbeit in den Bergbau und in die Landwirtschaft ab. Familien und soziale Bindungen wurden brutal zerstört, und die Menschen starben an Überanstrengung, Hunger und seelischen Qualen." Hartwig Weber (33), S. 146

„Alle diese Gegenden (Neu-Spanien, heutiges Mexiko, Hg.) waren ungleich stärker bevölkert, und enthielten weit mehr Menschen, als Toledo, Sevilla, Valladolid und Zaragoza nebst Barcelona . . . In besagten zwölf Jahren, und innerhalb der erwähnten vierhundert und fünfzig Meilen, ermordeten die Spanier vier Millionen Menschen, die sie entweder mit Schwert und Lanze niederstießen oder lebendig verbrannten; gleichviel, ob Mann oder Weib, jung oder alt." Bartolomé de Las Casas (20), S. 40

„Im Jahr 1500 lebten in seinen heutigen Grenzen (Mexikos, Hg.) fünfundzwanzig Millionen Indianer, hundert Jahre später nur noch eine Million". *Pogrom,* (23), Nr. 112/1985, S. 14

„Cortez, der schlimmste Indianerhenker und -folterer, hatte, wie es üblich war, einen königlichen Freibrief für sein Unternehmen in der Tasche . . . Festgelegt ist der Hergang, nach dem die Missionierung der Heiden zu bewerkstelligen war. Die Indianer, denen solche Gnade und Gunst widerfährt, sollten ihrerseits ihre Unterwürfigkeit und ihren guten Willen beweisen, indem sie ›mucha cantidad de oro, piedras, plata y otras cosas que ellos tienen‹ (›eine große Menge Gold, Edelsteine, Silber und andere Dinge, die sie besitzen‹) Seiner Hoheit, dem König, und dem Gouverneur freiwillig ausliefern, andernfalls könnten ›Dios nuestro señor y sus Altezas‹ (›Gott unser Herr und Ihre Hoheiten‹) sehr ungnädig werden.
Tenochtitlán, die Hauptstadt des Aztekenreiches, war damals fünfmal größer als Madrid und ihre Bevölkerung doppelt so zahlreich wie die Sevillas." Hartwig Weber (33), S. 116/117

„. . . Fernando Cortez: ›kühn u. edel‹, rühmt ihn das gut katholische Herder-Lexikon, ›hochgebildet u. um die Ausbreitung des Christentums verdient‹". Karlheinz Deschner (6), S. 17

„Was Cortez und seine goldhungrigen Kumpane für Mexiko sind, das können für Peru jederzeit Francisco Pizarro und seine Mannen bieten, wenn nicht übertreffen. Prescott sagt: ›Jeden Tag wurden Greuel begangen, die die Menschheit erzittern ließen (. . .) Peru wurde von Abenteurern erobert, die noch niedriger und wilder von Natur waren als die Gefolgsleute Cortez . . . Ziemlich oft (sagt ein unverdächtiger Zeuge) habe ich die Spanier – lange nach der Eroberung – sich damit vergnügen sehen, die Eingeborenen mit Spürhunden zu jagen, teils zum Spaß, oder auch, um ihre Hunde zu dressieren. Das Feld für Zügellosigkeit war unbegrenzt. Das junge Mädchen wurde ohne weiteres den Armen seiner Familie entrissen, um die Leidenschaft des brutalen Siegers zu befriedigen. Der Ritter vergrößerte seinen Harem mit einer Truppe junger Indianerinnen. Aber die Hauptleidenschaft des Spaniers war die Liebe zum Gold. Dafür schreckte er vor keiner Anstrengung zurück. Und er verlangte ohne Erbarmen die Arbeit des Indianers. Unglücklicherweise wimmelte es in Peru von Gruben, die diese Arbeit nur zu lohnend machten – und Menschenleben waren in den Augen der Eroberer der unbedeutendste Artikel‹." Gert v. Paczensky (22), S. 90/91

„Die damaligen Bewohner Mexikos, die Azteken . . . erwarteten tatsächlich ausgerechnet im Jahr 1519, in welchem Cortéz an der Küste landete, die Wiederkehr ihres Priestergottes, der im Osten erscheinen und der Epoche der blutigen Götter ein Ende bereiten sollte . . . Es war eine Kultur, ähnlich den antiken Hochkulturen der Alten Welt, mit einer starken Götterreligion, die auch

Menschenopfer in großen Mengen kannte ... Walter Krickeberg hat in seinem Buch *Altmexikanische Kulturen* diese Kulthandlungen so erklärt: ›So barbarisch uns viele dieser Kultakte erscheinen, kann ihnen doch eine sittliche Idee nicht abgesprochen werden. Der Gedanke, daß man mit dem Opfer ‚seine Schuld bezahlte', wie es in einer aztekischen Hymne heißt, und den Göttern ‚einen Schimpf antat', wenn man ihnen das Opfer vorenthielt, durchdrang die ganze Nation, ließ sie geduldig das Joch ihrer blutigen Religion ertragen und dem Leben ohne Illusion gegenübertreten.‹ So legten sich dann die zur Opferung ausgewählten Jünglinge willig unters Messer. Die vielen Tausenden von Gefangenen allerdings, meist Angehörige unterjochter Vasallenvölker, später auch, während der Eroberung Mexikos, gefangene Spanier, wurden gefesselt zur Opferung gezerrt." Hans Dollinger (10), S. 234/235

Der tiefverwurzelte Todesgedanke im Geistesleben der Azteken spiegelt sich auch in einem Aztekengedicht aus dem 15. Jahrhundert wieder:

„Wohin gingen wir nicht, um den Tod zu finden?
Vor Sehnsucht nach ihm blutet uns das Herz."

„Allein der katholische Herzog Alba ließ mehr als 20 000 Protestanten hinrichten. Die Juden wurden von den Christen zu Hunderttausenden getötet. Die Opfer des kirchlichen Hexenwahns veranschlagt man auf neun Millionen." Karlheinz Deschner (5), S. 347

Seite 43-45

Als Albrecht Dürer, selbst Sohn und Enkel von Nürnberger Goldschmieden, im August 1520 in den spanischen Niederlanden die Goldschätze sah, die Cortez an Kaiser Karl V. nach Brüssel geschickt hatte, schrieb er in sein Tagebuch:

„Auch hab ich gesehen die Ding, die man dem König aus dem neuen gulden Land gebracht: ein ganz guldene Sonnen, einer ganzen Klafter breit, desgleichen ein ganz silbern Mond, auch also groß, desgleichen zwo Kammern voll der selten Rüstung, desgleichen von allerlei ihrer Waffen, Harnisch, Geschutz, wunderbarlich Wehr, seltsamer Kleidung, Pettgewand und allerlei wunderbarlich Ding zu manniglichem Brauch, das do viel schöner zu sehen ist dann Wunderding. Diese Ding sind alle köstlich gewesen, daß man sie beschätzt umb hunderttausend Gulden wert. Und ich hab aber all mein Lebtag nicht gesehen, das mein Herz also erfreuet hat als diese Ding. Dann ich hab darin gesehen, wunderliche künstlich Ding und hab mich verwundert der subtilen Ingenia der Menschen in fremden Landen. Und der Ding weiß ich nicht auszusprechen, die ich do gehabt hab.“ Zit. bei Leo Deuel (8), S. 187

Auch diese Wunder erloschen alsbald in christlich-abendländischen Schmelzöfen.

Über die Einschmelzung peruanischer Goldschätze wird berichtet:

„Dann dauert es einen vollen Monat, das wertvolle Geschirr einzuschmelzen, obwohl Goldschmiede des Landes Tag und Nacht daran arbeiten müssen. Als alles in gleich großen Barren zur Verteilung daliegt, schätzen die königlichen Inspektoren den Gesamtwert auf 1 326 539 Goldpesos. Prescott beruft sich auf die Arbeit des ehemaligen Sekretärs der königlichen Geschichtsakademie in Madrid und berechnet, daß der Wert zu der Zeit, als er schreibt – Mitte des vergangenen Jahrhunderts – fast dreieinhalb Millionen Pfund Sterling oder etwas weniger als 15,5 Millionen Dollar entspricht. Also siebzig Millionen Goldmark." Gert v. Paczensky (22), S. 91

1 Goldmark dürfte vermutlich dem Wert von 80-100 DM entsprechen (d. Vlg.)

„Bei dieser Gelegenheit erlaubte er (Francisco de Garay, Hg.) seinen eigenen Haushofmeistern, so wie allen übrigen, den Indianern die schrecklichsten Qualen und Martern antun zu dürfen, damit sie Gold und Tribut von ihnen erpreßten. Einer von seinen Haushofmeistern ließ eine Menge Indianer hängen, lebendig verbrennen, den Hunden vorwerfen, ihnen die Köpfe, Hände und Füße abhauen, oder die Zunge ausreißen." Bartholomé de Las Casas (20), S. 60/61

„Auf dergleichen Zügen schickte er (›Dieser Gouverneur von Darien, der, nach einer Schätzung Oviedas, zwei Millionen Indianer auf dem Gewissen hat, war ein Mann namens Pedro Arias d'Avila‹, Anm. H. M. Enzensberger) immer fünf oder sechs seiner Bedienten mit aus, damit er – außer demjenigen, was er ohnehin als oberster

Befehlshaber bekam – noch ebenso vielfachen Anteil an dem Golde, den Perlen und Edelsteinen, welche sie raubten, wie auch an denjenigen hätte, welche sie zu Leibeigenen machten. Das nämliche taten alle Beamten des Königs; jeder von ihnen schickte so viele Knechte oder Bediente mit aus, als er nur konnte; selbst der vornehmste Bischof des Reichs sendete seine Diener in der Absicht mit, seinen Teil von der gemachten Beute in Empfang nehmen zu lassen." Bartolomé de Las Casas (20), S. 32

Seite 47-49

Juan Ginés de Sepúlveda, spanischer Humanist, Reichshistoriograph am Hofe Karls V., Erzieher des Prinzen Philipp und ab 1557 Kanonikus in Salamanca:

„Sie sind Sklaven von Natur aus . . . Wie können wir daran zweifeln, daß diese ungebildeten, barbarischen Heiden, die allen Lastern und finsterem Aberglauben verhaftet sind, nicht mit vollem Recht erobert und unterworfen wurden von unserem gütigen, frommen, gerechten König . . . und von unserer Nation, die an Menschlichkeit und Tugenden jeglicher Art alle anderen übertrifft? . . .

Aus vielerlei gewichtigen Gründen also müssen . . . diese Barbaren die Herrschaft der Spanier anerkennen; und das ist sicherlich ein größerer Gewinn für sie selbst als für die Spanier, gelten doch Tugend, Menschlichkeit und wahre Religion als weit kostbarer denn alles Silber und Gold . . ." Zit. bei Fausto Reinaga (24), S. 115/116

Text zu dieser Abbildung in dem Buch von Melveena McKendrick: *Ferdinand und Isabella,* Reutlingen 1969, S.91:
„Aus dem Gold, das Kolumbus auf seinen Reisen fand, ließ Kardinal Cisneros eine fast drei Meter hohe Monstranz schaffen und stiftete sie der Kathedrale von Toledo."

Mit dem ersten Gold aus der Süd-Amerika-Beute ließ Papst Alexander VI. die Decke von Santa Maria Maggiore in Rom verzieren und mit dem Symbol seiner Familie (Stier-Motiv) versehen. Ein nennenswerter Anteil des Blutgoldes und -silbers floß in kirchliche Schatzkammern, transformiert in stolze Kleinodien christlich-abendländischer Gold- und Silberschmiedekunst. Signifikantes Beispiel ist eine fast drei Meter hohe Monstranz, die Kardinal Cisneros aus dem Gold, „das Kolumbus auf seinen Reisen fand", fertigen ließ und der Kathedrale von Toledo stiftete.

Papst Johannes Paul II. am 28. Januar 1979 in Puebla (Mexiko):

„. . . im Zentrum der Botschaft, deren Hüter und öffentlicher Verkünder die Kirche ist, findet sie die Motivierung, um einzutreten für die Brüderlichkeit, die Gerechtigkeit, den Frieden und gegen alle Beherrschungssysteme, Versklavungen, Diskriminierungen, Gewalttaten, Anschläge auf die Religionsfreiheit, Angriffe gegen den Menschen und gegen das Leben. Es geschieht also weder aus Opportunismus noch aus Sucht für das Neue, daß die Kirche, die ›Expertin der Menschlichkeit‹ (Paul VI., *Ansprache vor der UNO am 5. Okt. 1965),* ein Verteidiger der Menschenrechte ist." (15), S. 79

Seite 51-53

„Wie in der ausgehenden Antike – als im 5. Jahrhundert der römische Bischof schon größter Grundbesitzer im ganzen Römischen Reich geworden, als schließlich die Kirche nicht nur führend am Sklavenbesitz beteiligt war, sondern auch, was es sonst nirgends gab, die Freilassung von Sklaven, als ›Kirchengut‹, unmöglich gemacht hatte –, wie im Mittelalter, so hat der Katholizismus auch in Lateinamerika die Sklaverei grundsätzlich anerkannt. Laie wie Priester praktizierten sie; Klerus und Klöster, oft selber Großgrundbesitzer, handelten auch mit Sklaven; ja, Jesuiten und Franziskaner, von Johannes Paul II. so oft gerühmt, förderten Ehen zwischen Indianern und Schwarzen, um deren ›Nachkommenschaft‹, wie General Arouche, um die Wende zum 19. Jahrhundert Generaldirektor der brasilianischen Indiodörfer, klagte, ›als Leibeigene zu erklären‹ . . .
Während die Masse, Generation um Generation, in Dreck und Elend verkam, wurde der Klerus nahezu allmächtig und immens reich, wie die übrigen Sklavenhalter und Herren, die zur Finanzierung von ›Gotteshäusern‹ eingefangene Indios versteigerten . . .“ Karlheinz Deschner (6), S. 21/22

„Dieser Barbar (Francisco Montejo, Gouverneur der Provinz Yucatan, Hg.) fing damit an, daß er die guten schuldlosen Leute, die friedlich in ihren Wohnungen lebten und niemand das geringste zuwider taten, mit dreihundert Mann, die er bei sich hatte, auf die grausamste Art bekriegte, und eine große Anzahl von ihnen ermorden ließ. Da dies Land kein Gold enthielt – denn hätte er nur ein Stückchen Gold darin gefunden, so würde er sie in die Bergwerke geschickt haben, wo sie ohnedies umgekommen wären –, so beschloß er, diese Menschen, für die Jesus Christus sein Leben gab, mit Leib und Seele in Gold zu verwandeln. Er machte demnach diejenigen, welche er nicht umbrachte, samt und sonders zu Sklaven; und da überall, wo man Sklaven witterte, eine Menge Schiffe bei der Hand waren, so ließ er dieselben schwer genug mit Menschen beladen, verhandelte sie gegen Wein, Öl, Weinessig, Speck, Kleidungsstücke, Pferde, kurz gegen alles, was entweder er oder seine Gefährten vonnöten hatten, und verfuhr hierbei nach Gutdünken. Er ließ jedem freie Wahl, unter fünfzig bis hundert Mädchen sich dasjenige auszusuchen, das ihm am besten gefiel, und nahm dann eine Arrobe Wein, Öl, Essig, oder wohl auch eine Speckseite dafür. Um denselben Preis war ein hübscher Bursche zu haben, der unter zwei- bis dreihundert andern ausgesucht ward; ein anderer aber kostete nur so und so viel. Es ereignete sich unter anderem, daß man einen jungen Menschen, der eines Fürsten Sohn zu sein schien, um einen Käse weggab, hundert andere Personen aber gegen ein Pferd vertauschte.“ Bartolomé de Las Casas (20), S. 63

„Die Tyrannei, welche die Spanier beim Perlenfang oder bei der Perlenfischerei gegen die Indianer verüben, ist eine der grausamsten und verdammungswürdigsten Erfindungen von der Welt . . . Man senkt sie nämlich drei, vier, auch wohl fünf Klaftern tief ins Meer, und zwar von Sonnenaufgang bis Sonnenuntergang. Da müssen sie die ganze Zeit über ohne Atem zu holen unter dem Wasser herumschwimmen und die Muscheln losreißen, worin die Perlen wachsen. Haben sie ihre Netze damit angefüllt, so dürfen sie wieder empor kommen und ein wenig verschnaufen. Nicht weit davon ist ein spanischer Henkersknecht in einem Nachen oder kleinen Boote befindlich. Ruhen sie zu lange, so stößt er sie wieder ins Wasser oder reißt sie bei den Haaren hinein, damit sie fortfahren zu fischen . . . Des Nachts müssen sie auf der Erde schlafen und werden in den Stock geschlossen, damit sie nicht entlaufen können. Oft tauchen sie bei dieser Fischerei oder beim Perlenfang unter und kommen nicht wieder empor, weil sie von Haifischen und Seehunden umgebracht und gefressen werden . . . Fast alle können diese abscheuliche Lebensart nur wenige Tage ertragen . . . Ihr Körper wird unaufhörlich von Kälte durchdrungen; ihre Brust wird vom häufigen Zurückhalten des Atems zusammengepreßt; mithin bekommen sie Blutspeien und Durchfall und sterben daran. Ihr Haar, das von Natur schwarz ist, bekommt eine ganz andere Farbe und wird brandrot, wie das Fell der Meerwölfe. Auf ihrem Rücken schlägt Salpeter aus . . ." Bartolomé de Las Casas (20), S. 83/84

Das „Sich-Entledigen" erschöpfter und erkrankter Indianer durch Abschlagen der an Halsringe gefesselten Köpfe war nicht nur gängige Praxis bei den Spaniern und Portugiesen; Las Casas klagt dieser und vieler anderer außergewöhnlicher Verbrechen in besonderem Maße auch die deutschen Hauptleute und Mannschaften des Augsburger Bankhauses der Welser an (S. 85-91), dem

Karl V. als Äquivalent für die Mitfinanzierung seiner Kaiserwahl alle Rechte der Kolonialisierung von Venezuela erteilt hatte.

„Wenn die Spanier den Indianern schwere Lasten aufbürden, die sie ins Gebirge tragen müssen, wenn sie dann vor Arbeit und Entkräftung ohnmächtig darnieder stürzen, wenn die Spanier ihnen Fußtritte geben, mit Stöcken sie schlagen, ihnen Zähne mit den Degenknöpfen einstoßen, damit sie weder ausruhen noch Atem holen sollen; dann pflegen die Indianer zu sagen: ›Geht, ihr bösen Menschen! Ich kann nicht mehr! Schlagt mich tot! Hier wünsche ich zu sterben und auszuruhen!‹"
Bartolomé de Las Casas (20), S. 74

Papst Johannes Paul II. am 29. Januar 1979 in Oaxaca (Mexiko) anläßlich der Erteilung der Niederen Weihen an zehn Indios zu Lektoren und Akolythen während einer Messe vor etwa 200 000 Gläubigen:

„Diese Feier, in der ich mit überaus großer Freude einigen Angehörgen der altehrwürdigen Stammesgruppen dieses lateinamerikanischen Landes heilige Dienstämter übertragen darf, bestätigt die Wahrheit des Wortes, das eine hohe Persönlichkeit eures Landes meinem verehrten Vorgänger Paul VI. gesagt hat: ›Vom Anfang der Geschichte der amerikanischen Nationen war es vor allem die Kirche, die gerade die Ärmsten beschützte und ihre Würde und ihren Wert als menschliche Person verteidigte.‹" (15), S. 99

Seite 54-57

„Die christliche Kirche war noch versessener als die weltlichen Herrscher auf die Ausbeutung des neuen Landes. Mit dem Aufstieg einer starken politischen Führungsschicht in Europa schwand die eigene Macht dahin, und so witterte sie bei der Invasion des neuen Landes ihre Chance, indem sie der Ausbeutung den Segen erteilte und dafür als Gegenleistung einen Anteil bekam. Im Jahre 1495 erließ Papst Alexander VI. die Bulle INTER CAETERA, in der die christliche Haltung zur Neuen Welt festgelegt wurde: ›Von allen Werken zum Wohlgefallen der Allerchristlichsten Majestät, die uns am Herzen liegen, ist es gewiß das Größte, daß in unserer Zeit der katholische Glaube und die christliche Religion erhöht und überall gestärkt und verbreitet werden, daß man für das Heil der Seele Sorge trägt und daß man barbarische Völker unterwirft und dem echten Glauben zuführt.‹

. . . Aber weil ja der ganze Erdball dem Heiligen Vater gehörte, konnte er ihn nach Belieben unter alle verteilen, die er für würdig hielt. Trotz der später ausschließlich weltlichen Ausbeutung der Naturvölker durch die europäischen Regierungen drückt diese päpstliche Bulle von 1493 die typische Haltung des Christentums Völkern gegenüber aus, von deren Existenz es vorher keine Ahnung hatte . . .

Der im folgenden Jahr geschlossene Vertrag von Tordesillas teilte Südamerika säuberlich zwischen Spanien und Portugal auf und gab ihnen den Primat über Teile das Kontinents, die sie noch nicht erforscht und erobert hatten. Der Papst überwachte weniger die von Gott angeblich gewollte Teilung der Welt als vielmehr die Ausgabe von Jagdscheinen, die den Europäern für Raub und Plünderung ausgestellt wurden.“ Vine Deloria jr. (3), S. 139/140

„So freuen und rühmen sie sich noch ihrer Tyrannei, und danken Gott dafür, gerade so wie ihm die Tyrannen und Mörder dankten, von welchen der Prophet Sacharias im elften Kapitel spricht: Hüte der Schlachtschafe, denn ihre Herren schlachten sie, und haltens für keine Sünde, verkaufen sie und sprechen: gelobet sei der Herr, ich bin nun reich; und ihre Hirten schonen ihrer nicht.“ Bartolomé de Las Casas (20), S. 62

„Der militärischen Unterwerfung folgte die kulturelle auf dem Fuß. Der religiöse und kulturelle Fanatismus der Weißen duldete nichts Fremdes neben sich, hatte sich vielmehr die Vernichtung und Ausradierung der amerikanischen Zivilisation zum Ziel gesetzt. Die totale Unfähigkeit der christlichen Religion zur Toleranz trat offen zutage und trug die ihren Anhängern willkommenen ökonomischen Früchte.“ Hartwig Weber (33), S. 148

Aus dem Bericht der Papstreise am 28. Januar 1979 von Mexiko-City nach Puebla:

„An der Brücke San Salvador El Verde gibt es einen Aufenthalt: Ein von zwei Traditionen, der christlichen und der aztekischen, geprägtes Indiodorf. Die kleinen Häuser sind mit gelben Fahnen geschmückt. Irgendwie möchte auch San Martin Texmelcan – so der Name des Dorfes – seine Freude zum Ausdruck bringen. Auch die Indios sind Söhne und Töchter der Kirche, geistliche Kinder des Papstes. Johannes Paul II. steigt aus dem Wagen und unterhält sich mit ihnen. Ein warmherziges Zeugnis dafür, wie die Kirche sie liebt, sie schützt und ihnen die Frohbotschaft verkündet." (15), S. 56/57

Papst Johannes Paul II. am 29. Januar 1979 in Oaxaca (Mexiko):

„... Ich bin noch voll gerührtem und dankbarem Staunen über euren begeisterten und herzlichen Empfang: ohne Zweifel ist dies ein Zeichen der Liebe und Verbundenheit mit dem Stellvertreter Christi, der Hirte der Weltkirche und damit auch euer Hirte ist. Bei diesem ersten Zusammentreffen mit euch möchte ich meine tiefe Achtung und Wertschätzung dieses Landstrichs von Oaxaca ausdrücken, der reich an Geschichte, an Tradition und Religiosität ist; Oaxaca ist auch die Wiege verschiedener Stämme, die aus dieser Region stammen und in der Geschichte Mexikos unauslöschliche Spuren hinterlassen haben. Es sind dies Stämme und Menschen, die euch ein Erbe hinterlassen haben, das ihr als wahres Gut pflegt: die tiefe Achtung der moralischen und geistigen Werte." (15), S. 88

Der Bericht über die Reise des Papstes fährt fort:

„An Bord eines Hubschraubers begab sich Johannes Paul II. von dort in das Städtchen Cuilapan, wo 80 Prozent der mixtekischen Bevölkerung leben. Der Papst stand hier wohl den Ärmsten der Armen gegenüber . . . Nur anderthalb Stunden konnte sich Johannes Paul II. bei ihnen aufhalten . . . Esteban, 48 Jahre alt, verheiratet, Vater von sieben Kindern, begrüßt den Papst im Namen der über 100 000 Eingeborenen der Gegend . . . ›Datu gunibatu eneuda pekte ki betua‹ – ›Ich grüße dich, Heiliger Vater, im Namen aller meiner Brüder‹, beginnt Esteban, ›wir sind sehr glücklich über deinen Besuch‹, fährt er fort, ›weil du uns den Frieden, die Gerechtigkeit, die Liebe und das Licht Christi bringst. Wir hoffen, daß mit dir das Glück kommen möge und bei uns bleibe. Wir sind ein demütiges Volk. Wir leiden viel. Den Kühen geht es besser als uns. Wir können uns nicht äußern, und das, was wir leiden, müssen wir im Innern unseres Herzens bewahren . . . Durch meinen Mund bitten dich die Eingeborenen zu beten, daß das Wort Gottes in unserem Leben Wirklichkeit werde . . .‹" (15), S. 91/92

Papst Johannes Paul II. antwortete u.a. auf die Worte Estebans:

„Geliebte Brüder, ihr Indios und Campesinos!
. . . Ja, der Friede sei mit euch, die ihr eine so zahlreiche Gruppe ausmacht!
Auch ihr, Bewohner von Oaxaca, Chiapas und Culiacán, und ihr, die ihr von so vielen anderen Orten gekommen seid, Erben des Blutes und der Kultur eurer erhabenen Vorfahren, vor allem der Mixteken und Zapoteken, ihr seit ›berufen als Heilige mit allen, die den Namen unseres Herrn Jesus Christus anrufen‹ *(1 Kor. 1/2)* . . .
Papst und Kirche sind mit euch und lieben euch und

eure Kultur; eure Tradition und eure großartige Vergangenheit sind eine Ermutigung für die Gegenwart und eine Hoffnung für die Zukunft." (15), S. 92/93

„Einschüchterung und Terror wurden zur Grundlage erster Begegnung mit den Eingeborenen. Später ging man zur Steigerung dieses Effektes dazu über, zunächst ein großes Blutbad, eine *matanza,* anzurichten, ›damit sie beim Hören des Namens ‚Christen' zitterten wie vor wahrhaftigen Teufeln‹. Die Wege der Conquista waren deshalb von Leichen aufgehängter und gepfählter Indianer gesäumt, die Schrecken und Panik verbreiten sollten." Hartwig Weber (33), S. 91

Bericht über die Massen-Selbstmorde der Indianer bei Hartwig Weber (33), S. 145.

„Als man . . . den Kreuzzug gegen Peru begann, erklärte der Inkafürst Atahuallpa nach einer Missionspredigt des späteren Bischofs Pater Vicente de Valverde: ›Was den Papst betrifft, von dem ihr sprecht, so muß er wahnsinnig sein, wenn er daran denkt, Länder zu verschenken, die ihm nicht gehören. Euer Gott ist, wie ihr sagt, von denselben Menschen getötet worden, die er geschaffen hat. Der meinige aber‹, und er zeigte auf die eben prachtvoll hinter die Berge sinkende Sonne, ›lebt noch im Himmel und blickt auf seine Kinder herab.‹ Darauf befahl der Mönch, einer jener von Papst Wojtyla so oft gepriesenen ›unerschrockene(n) Missionare‹ aus dem

›nunmehr fernen 16. Jahrhundert . . ., deren Glaube und menschlicher Großmut Bewunderung verdient‹: ›Greift augenblicklich an! Ich gebe euch die Absolution.‹" Karlheinz Deschner (6), S. 11/12

„Die Missionare dachten natürlich gar nicht daran, die Conquista in Frage zu stellen. Das blutige Geschäft war die Vorausestzung für ihre Mission, ein ›gerechter Krieg‹ (guerra justa) immer erlaubt und das bellum romanum, der Krieg gegen Ungläubige, stets ›gerecht ohne Zweifel‹, somit auch jeder Indianerkrieg. Der spanische Hofprediger Gregorio, der Indios ›sprechende Tiere‹ nannte, bewies aus Thomas von Aquin, daß sie ›mit eiserner Rute regiert werden müssen‹ und propagierte ihre Versklavung. Verschwindende Ausnahmen beiseite, forderten die Missionare ›Gewalt‹. Auch der vom Papst so hochgelobte Jesuit José de Anchieta, der ›Pionier der Evangelisierung‹, der ›Mann Gottes‹, der ›Apostel Brasiliens‹, der mehr als jeder andere ›zum Wohl eures Volkes beitrug‹, das ›Modell für ganze Generationen von Missionaren‹, gab die Devise aus: ›Schwert und Eisenrute sind die besten Prediger‹ – und Johannes Paul II. sprach ihn 1980 selig!" Karlheinz Deschner (6), S. 12

Papst Johannes Paul II. am 3. Juli 1980 in São Paulo anläßlich eines Gottesdienstes „zu Ehren des seligen José de Anchieta":

„. . . Er (Anchieta, Hg.) kam mit dem einzigen Ziel, die

Menschen zu Christus zu führen, sie zum Leben als Kinder Gottes, die für das ewige Leben bestimmt sind, anzuleiten. Er kam, ohne etwas für sich zu fordern; im Gegenteil, er war bereit, sein Leben für sie hinzugeben." (16), S. 55

„Nicht einmal das ›Gesetz‹ von Haiti – hundert tote Indianer für einen getöteten Christen – genügte schließlich. Um drei den Kariben am Orinoko zum Opfer gefallene Jesuiten zu rächen, schickte man Soldaten, wie Jesuit Johann Gastl 1685 aus Südamerika berichtete, ›damit sie von den Kariben töten, soviele sie können. Kein besseres Mittel, die Wildheit barbarischer Völker zu bezwingen, gibt es . . .‹ Und noch 1812 schärfte der Jesuit del Coronil den gegen die aufständischen Venezolaner ziehenden Truppen ein: ›Bringt alles um, was älter ist als sieben Jahre!‹". Karlheinz Deschner (6), S. 11/12

„Und als . . . Antonio de Montesino 1511 in der Kirche San Domingos von der Kanzel donnerte: ›Sind das keine Menschen?‹ (Bis ins 18. Jahrhundert stritt man im christlichen Abendland darüber!) ›Haben sie nicht vernunftbegabte Seelen? Seid ihr nicht verpflichtet, sie zu lieben wie euch selbst?‹ da verbot ›in der Kraft des Heiligen Geistes‹, der Dominikanerprovinzial Alfonso de Loaysa, jede solche Kritik. Wessen Gewissen zu empfindlich sei, der solle nach Spanien zurück!" K. Deschner (6), S. 10/11

Papst Johannes Paul II. am 29. Januar 1979 in Oaxaca:

„›Wie schön sind die Füße derer, die das Heil verkünden‹

(Römer 12,15).Danken wir Gott, der dieses gute Werk begonnen hat und es nun auch vollenden wird bis zum Tage Jesu Christi‹ *(Phil 1,6)*.“ (15), S. 101

Seite 58-59

„Zur ›Kriegskunst‹ der Europäer in Amerika gehörte der Einsatz von Bluthunden. Die ›perros de ayuda‹ erhielten nach getaner Arbeit ihren Anteil an der Beute. Gefangene wurden bei der Hundeerziehung zu Übungszwecken den Tieren vorgeworfen. Weitverbreitet war auch die Praxis, Kriegsgefangene zu verbrennen.“ Hartwig Weber (33), S. 147

„Ich sagte bereits, daß die in Indien befindlichen Spanier blutgierige wilde Hunde halten, die darauf abgerichtet sind, die Indianer zu erwürgen und in Stücke zu zerreißen . . . Zur Verpflegung dieser Hunde führen sie auf ihren Märschen eine Menge Indianer bei sich, die in Ketten gehen und wie eine Horde Schweine einhergetrieben werden. Man schlachtet dieselben, und bietet Menschenfleisch öffentlich feil. Dann sagt einer zum andern: Borge mir doch einmal ein Viertel von diesem Schurken (Bellacos). Ich werde nächster Tage auch einen schlachten; dann gebe ich dir's wieder.“ Bartolomé de Las Casas (20), S. 112

„Da nun einst eine kranke Indianerin sah, daß sie diesen Hunden nicht entfliehen könne, und, gleich andern, von ihnen zerrissen werden würde, so nahm sie einen Strick, band sich ihr Kind, das nur erst ein Jahr alt war, an den einen Fuß, und erhing sich dann an einem Balken. Kaum war sie fertig damit, als die Hunde kamen und das Kind stückweise zerrissen; doch ward es noch vor seinem Ende von einem Ordensgeistlichen getauft." Bartolomé de Las Casas (20), S. 64

„Da nahm er* ein Knäbchen, welches er seiner Mutter entriß, hieb ihm mit seinem Dolche von Armen und Beinen ein Stück nach dem anderen herunter und gab jedem Hunde sein Teil davon. Als sie nun diese Stücke aufgefressen hatten, warf er das Körperchen auf die Erde, damit sie es zusammen verzehrten." Bartolomé de Las Casas (20), S. 65

Seite 61

„Um die Verbrechen bei der Eroberung zu rechtfertigen, brachten die Chronisten die unterworfenen Völker in den übelsten Ruf und hängten ihnen alle möglichen Scheußlichkeiten an. Sie sagten: Spanien – das ist Zivilisation und Christentum; Amerika – ist die Barbarei der Wilden." Fausto Reinaga (24), S. 23

* „Dieser Gouverneur war ein gewisser Francisco Montejo, der sich vor allem dadurch einen Namen gemacht hat, daß er seine Hunde mit den Kindern der Indianer fütterte." Anmerkung Hans Magnus Enzensberger

„›Castigo‹, Züchtigung nannte man die Schändung und Ermordung von Frauen, Männern und Kindern, und es wurde zum Prinzip, für jeden erschlagenen Europäer hundert Indianer zu töten. ›Gebe Gott‹, sagte Las Casas, ›daß nach dem, was ich gesehen habe, es nicht tausend anstatt hundert gewesen sind.‹“ Hartwig Weber (33), S. 91

Seite 62-63

„Im Jahre 1540 befahl der erste Bischof von Yukatan, Diego de Landa, sämtliche Maya-Schriften zu verbrennen; er hielt die darin enthaltenen Ideogramme samt und sonders für schwarze Magie.“ Jesús Romé/Lucienne Romé-Henchoz (25), S. 123

„. . . das kolossale Autodafé, das der spanische Erzbischof Don Juan Zumárraga verschuldete, indem er alle religiösen und mystischen Bücher, deren er habhaft werden konnte – ›einen ganzen Berg‹, berichtet ein Zeitgenosse –, verbrennen ließ, weil er sie als Teufelswerk ansah. Er setzte damit im Aztekenland einen Präzedenzfall, den dann die Konquistadoren sich überall zum Vorbild nahmen . . .“ Pierre/Janine Soisson (28), S. 5

„Der vom Papst in Mexiko an erster Stelle unter den ›große(n) Gestalten von Verkündern der Frohen Botschaft‹ gerühmte Franziskaner Juan de Zumárraga, Leiter des ersten mexikanischen Erzbistums, tat sich im Schleifen von Kultstätten besonders hervor. Bereits 1531 meldete er die Vernichtung von mehr als 500 Tempeln und über 20 000 ›Götzenbildern‹." Karlheinz Deschner (6), S. 16

„Sie ließen die heidnischen Tempel so schnell wie möglich durch Kirchen ersetzen. Die Einheimischen mußten die Steine brechen und in ihre Dörfer bringen, von Hand zu Hand, während die Geschickteren von ihnen sie glätteten und aufrichteten, unter der Anleitung der Mönche. Bald beherrschten die Türme und Kuppeln dieser Kirchen die Täler Zentral- und Südmexikos. Während der Kolonialperiode wurden in Mexiko 12 000 davon gebaut. Sie zeugten nicht nur für den Triumph, den Christus über Huitzilopochtli errungen hatte, sondern auch für die Fähigkeit der Missionare, die Indianer ohne Lohn arbeiten zu lassen." H. B. Parkes, zit. bei Gert v. Paczensky (22), S. 330

Wie nach der durch das Christentum erfolgten Zerstörung der alten europäischen Kulturen auf die Reste der „heidnischen" Kultstätten christliche Kirchen gepfropft worden waren, so wurden wohlbedacht auf den Trümmern indianischer Heiligtümer gleichfalls Kirchen errichtet. Auch „der Altar der Mutter Gottes von Guadalupe Hidalgo, einer der heiligsten Wallfahrtsorte Lateinamerikas, steht an einer Stelle, wo schon Jahrhunderte vor dem Christentum die Indianer ihre heilige Stätte hatten", schreibt Vine Deloria jr..

Die Indios erkannten ihre Mutter in zwei Erscheinungen, die oft gleichbedeutend waren – die Mutter Erde und die Maismutter. Die christliche Kirche tauschte die Symbole aus mit dem Bildnis der Jungfrau Maria, hier als Madonna von Guadalupe. Hartwig Weber: „Zur Beschützerin der verfolgten Indianer propagiert“, Papst Johannes Paul II.: „Stern der Evangelisierung“.

Hernando Cortez:

„An die Stelle eurer Götzen werde ich jetzt unsere glorreiche heilige Frau setzen, die Mutter Jesu Christi, welcher der Sohn Gottes ist . . .“. Zit. bei Karlheinz Deschner (6), S. 20

„Der Chronist Hernando de Santillán schreibt um 1560:

›Früher bauten die Indios Häuser für die Sonne, später Kirchen. Vormals errichteten sie in einer Provinz ein Heiligtum. Heutzutage gibt es Provinzen, in denen 40 Kirchen stehen. Und eine jede hat ihre dienstverpflichteten Indios und muß geschmückt und instand gehalten werden.‹

An all dieser Kirchenpracht kleben Tränen, Schweiß und Blut der Indios“. Ralf-Dieter Uhlig „Arequipa, koloniales Juwel Südperus“ in: *Reise und Kultur, Ärztl. Journal,* 6.7.1985

Der Vizekönig von Peru Amat in seinem Regierungsbericht um 1776:

„Die Tätigkeiten der Priester in Peru haben kein anderes Ziel als den Pomp, die Eitelkeit, das Eigeninteresse und die Gewinnsucht." Zit. bei Jürgen Golte, in: *Indianer in Lateinamerika* (13), S. 144

Papst Johannes Paul II. am 27. Januar 1979 in Mexiko-City:

„Die Verbreitung des Glaubens schreitet dann ohne Unterbrechung voran, und nach einem Jahrhundert der Verkündigung der Frohbotschaft gibt es auf dem neuen Kontinent mehr als 70 Bischofssitze mit 4 Millionen Christen. Ein einmaliger Vorgang, der sich über lange Zeit fortsetzt und bis zum heutigen Tag, nach fünf Jahrhunderten der Evangelisation, fast die Hälfte der ganzen katholischen Kirche umfaßt, die in der Kultur des lateinamerikanischen Volkes verwurzelt und Bestandteil seiner eigenen Identität ist." (15), S. 42

Seite 63-64

„Der Klerus braucht die Sünde, lebt davon. Und am besten lebt er natürlich von der häufigsten und darum auch ihm liebsten, der sexuellen. Bis in die innerste Windung seines Hirns und den letzten Winkel seines Betts wird der Christ so der Kirche versklavt. Schon von klein auf erzieht man ihn triebfeindlich, unterdrückt man scharf seine Libido, impft ihm das Sündenbewußtsein ein, nicht damit er sich frei von Sünde halte, was unmöglich ist, sondern auf daß er immer wieder in

Konflikte gerate, immer wieder sündige, immer wieder scheitere, weil er doch nur als Sünder, Schuldiger, Gescheiterter die kirchliche Hilfe, die Lossprechung von seiner Sündenlast und die Anwartschaft auf das begehrte ewige Heil bekommt, mit anderen Worten eben zum infantilen, Gegängelten, Beherrschten wird. Und das, und nur das, soll er werden.

Der Klerus propagiert und will das Opfer, den Verzicht. Aber er rechnet mit der ›Schwachheit‹ der menschlichen Natur, die er scheinheilig beklagt, während sie in Wahrheit doch seine ganze Existenz begründet." Karlheinz Deschner (7), S. 107

Papst Johannes Paul II. am 30. Januar 1979 in Guadalajara (Mexiko):

„Das Gottesvolk ist sich seiner eigenen Sündhaftigkeit bewußt. Da es deswegen auch um die Notwendigkeit einer ständigen Reinigung weiß, ›geht es immer den Weg der Buße und Erneuerung‹ *(Lumen gentium Nr. 8)*. Jeder von uns weiß darum. Jesus suchte die Sünder auf: ›Nicht die Gesunden brauchen den Arzt, sondern die Kranken. Ich bin gekommen, die Sünder zur Umkehr zu rufen, nicht die Gerechten‹ *(Lk. 5, 31-32)* . . .

Wenn das Bewußtsein der Sünde uns niederdrückt, gehen wir instinktiv zu dem, der die Macht hat, Sünden zu vergeben (vgl. *Lk. 5,24)*, und wir gehen zu ihm an der Hand Mariens, deren Heiligtümer Stätten der Bekehrung, der Buße und der Versöhnung mit Gott sind.

Sie festigt in uns die Hoffnung auf Besserung und Beharrlichkeit im Guten, auch wenn das menschlich manchmal unmöglich erscheint". (15), S. 126

„Durch das Einimpfen der Sündhaftigkeit wird das kulturelle Selbstwertgefühl (des Indianers, Hg.) gebrochen, mit dem Leiden und stellvertretenden Tod Christi das gebrochene Selbstwertgefühl wieder aufgerichtet, das sich allerdings nicht mehr auf die eigene Kultur richten darf. Das Leiden Christi wird ferner dazu benutzt, dem rechtlosen Indianer sein eigenes Leiden, das aus wirtschaftlichen, politischen, sozialen und ideologischen Umständen herbeigeführt ist, hinzunehmen, ohne ihm das Recht zu geben, gegen gesellschaftliche Gewalt zu protestieren. Der Protest würde ihn in seine unchristliche Kultur und Sündhaftigkeit zurückwerfen. Dadurch wird eine freiwillige politische Unterwerfung und ständige Erniedrigung ermöglicht." Aus: *Die frohe Botschaft unserer Zivilisation* – Eine Dokumentation über den Einfluß protestantisch-fundamentalistischer Mission am Beispiel des Summer Institute of Linguistics (ILV/STL/WBT), herausgegeben vom Arbeitskreis ILV der *Gesellschaft für bedrohte Völker* 1979 in der Reihe *Pogrom*, S. 28

„Hören wir, wie die Mayas selber im ›Chilam-Balam‹ (auf Yukatan gesammelten Stammeschroniken, die den Namen eines indianischen Propheten tragen) ihre geänderte Lage beschreiben und voll Sehnsucht und Trauer an ihre Vergangenheit denken:

›Alles war gut, bis die Götter gestürzt wurden. Die Menschen waren von Weisheit erfüllt. Sie kannten keine Sünde ... Sie waren voll von heiliger Frömmigkeit. Es gab keine Erkrankung der Knochen, kein Fieber, keine Syphilis, kein Brust- und kein Bauchleiden, keine Magersucht. Die Körper waren rank und schlank.
All das änderte sich, als die weißen Männer kamen. Sie kamen, um uns das Fürchten zu lehren. Sie besudelten unsere Blumen. Damit ihre eigenen Blumen gediehen, vernichteten sie die der anderen ... Sie haben das Leben besudelt, und tot ist das Herz der Blüten‹.

Nach einigen Worten über die Falschheit der Fremden und ihrer Könige nimmt sich das ›Chilam-Balam‹ die katholische Religion vor, die den Mayas anstelle der alten Götter aufgezwungen wurde:

›Wegen der Tollheit der Zeit und der Tollheit der Priester ist, zugleich mit dem Christentum, Traurigkeit bei uns eingekehrt. Die sehr Christlichen sind hergekommen mit ihrem wahrhaften Gott, und das war der Anfang unseres Elends, der Anfang der Tributpflicht, ... der Anfang der Ausplünderung, der Schuldsklaverei, der Anfang des ewigen Mißverstehens, der Anfang des Leidens‹." Jesús Romé/Lucienne Romé-Henchoz (25), S. 176

Papst Johannes Paul II. am 29. Januar 1979 zu den Indios und Campesinos des Dorfes Culiapan bei Oaxaca (Mexiko):

„Der Sohn Gottes ›hat unter uns gewohnt‹, um die, die

an seinen Namen glauben, zu Kindern Gottes zu machen (vgl. *Joh. 1,11)*; er hat der Kirche die Fortführung seiner Heilsmission anvertraut, wo immer es Menschen gibt. Es ist daher keineswegs verwunderlich, daß im nunmehr fernen 16. Jahrhundert eines Tages unerschrockene Missionare, getreu der Sendung der Kirche, hier landeten: sie wollten euren Lebensstil und eure Sitten zu den ihren machen, um das Bild Christi besser und lebendiger zu offenbaren." (15), S. 92

„Aber die . . . Welt hatte sich in europäische Namen verwickelt: die Namen der Flüsse, der Berge, die Namen der Tiere und Pflanzen – die ganze Schöpfung hatte plötzlich zwei Namen, einen indianischen Namen und einen weißen Namen. Das Christentum trennte die Menschen von ihresgleichen; es sollte den einzigen Stammesnamen ausstampfen, indem es jedem einzelnen zuredete, für sich allein zu stehen, denn Jesus Christus würde nur die individuelle Seele retten. Jesus Christus war nicht wie die große Mutter, die sie als ihre Kinder, ihre Familie liebte und für sie sorgte." Leslie Marmon Silko (27), S. 82

„Wir Indianer gingen einen Weg, der uns ein Leben in großartiger und vollkommener Schönheit gewährte, wie sie nur die natürliche Umwelt hervorbringt. Die indianischen Stämme hatten ein gemeinsames Wertsystem und eine gemeinsame Religion, die die vollkommene Schönheit, die der Mensch unbedingt braucht, erhält. Unsere vier Gebote heißen: Ehrerbietung für Mutter Erde, Ehrerbietung für den Großen Geist, Ehrerbietung für den Mitmenschen und Ehrerbietung für die Freiheit des einzelnen, vorausgesetzt, die persönliche Freiheit beeinträchtigt nicht das Volk, den Stamm oder unsere Mutter, die Erde." Archie Fire Lame Deer, Medizinmann der Sioux, zit. in: *Esotera* 2/1983, Freiburg

„Diese ‚Religion' hat zweitausend Jahre Heuchelei und Blutvergießen hinter sich und kaum etwas anderes bewirkt, als Menschen in Maschinen zu verwandeln". Vine Deloria jr. (4), S. 16

„Was in den letzten Jahrhunderten mit Eingeborenen in Amerika und anderswo geschah, kann nur begriffen werden, wenn die weißen Menschen merken, daß diese Art von Geschichte einfach eine Fortführung der Eroberung der Stammesnationen Europas darstellt. Die Sache gibt einen Sinn, wenn auch Weiße sehen, daß sie gleichermaßen ihrer Kulturen, ihrer Identität und Souveränität beraubt wurden wie die Indianer." Gayle High Pine in: *Last Chance for Survival* (AN 1/76), zit. bei Vine Deloria jr. (4), S. 19

Jimmy Durham, Cherokee, vom *International Treaty Council* in einem Gespräch mit Claus Biegert:

B: „Was können Europäer von den Indianern lernen?"

D: „Ich möchte nicht überheblich klingen, aber ich glaube, daß Europäer von uns das lernen können, was man ihnen vor 2000 Jahren gelehrt hat, zu vergessen. Als ich in Europa war, habe ich viele Leute getroffen, in denen noch etwas vom Stammesmenschen steckte.

Vor 2000 Jahren wurde Europa das erste Mal von Rom eingenommen und das zweite Mal dann, nachdem Rom zu einer christlichen Macht herangewachsen war. Und ich glaube, daß seit dieser Zeit die europäischen Völker selbst genau demselben Kolonialisationsprozeß unterworfen worden sind . . . Nicht von einer fremden Macht wurden sie kolonialisiert, sondern von einem fremden System. Während meines Aufenthalts in Europa habe ich gesehen, daß europäische Länder genauso zerstört werden wie die unseren, und daß dieses System ihnen genauso wenig dient wie uns." *Pogrom, Zeitschrift für bedrohte Völker,* Nr. 50/51, S. 74

Papst Johannes Paul II. am 28. Januar 1979 vor der Bischofskonferenz in Puebla (Mexiko):

„Das ist der Glaube, der eure Geschichte geprägt und die kostbarsten Werte eurer Völker gebildet hat und der weiterhin mit seiner ganzen Kraft Antrieb für seine Zukunft sein soll . . .

Aus diesem Glauben an Christus und aus der Mitte der Kirche heraus sind wir in der Lage, dem Menschen und unseren Völkern zu dienen, mit dem Evangelium ihre Kultur zu durchdringen, die Herzen umzuformen sowie Systeme und Strukturen zu vermenschlichen". (15), S. 71

Seite 65-66

„Die ›solicitación en la confesión‹, die Verführung der weiblichen Beichtkinder, war eine weitverbreitete Praxis unter den Geistlichen. Die Inquisition, die mit der Verfolgung dieser Verbrechen beauftragt wurde, meldete, daß dies ›sehr häufig hierzulande und für viele Beichtväter nichts als eine Bagatelle‹ sei. Der Franziskaner Fray Juan de Salaña war Guardián (Vorstand) des Klosters von Suchipila und Beichtvater der Nonnen. Drei Schwestern des Klosters gehörten zu den von ihm Verführten, außerdem Töchter des Encomendero (Gutsverwalters), Indianerinnen, Mestizinnen und Kreolinnen. Die Geistlichen erklärten ihren Beichtkindern, Frauen und Mädchen, Unzucht und Beischlaf seien keine Sünde, wenn sie mit ihnen und in der Kirche vollzogen würden. Die Jesuiten beschäftigten zur Beaufsichtigung und Prüfung der Beichtväter ihres Ordens eine Art weibliche agents provocateurs, die die Patres reizen sollten, um ihre Sittsamkeit zu testen. (Vgl. C. Friederici: *Der Charakter der Entdeckung*, Band I, S. 543)". Hartwig Weber (33), S. 97

Und im Norden Amerikas:
„Unerlaubte Verhältnisse der Padres mit den Hopimädchen waren in allen Dörfern üblich." Frank Waters (31), S. 263

„Ja, Christi Kirche verstand es, für neuen Sklavenzuwachs Sorge zu tragen. So erklärte 1655 das 9. Konzil von Toledo im eingestandenermaßen vergeblichen Kampf gegen die Unzucht der Geistlichen: ›Wer daher vom Bischof bis zum Subdiakon herab aus fluchwürdiger Ehe, sei es mit einer Freien oder mit einer Sklavin, Söhne erzeugt, soll kanonisch bestraft werden; die aus einer solchen Befleckung erzeugten Kinder sollen nicht bloß die Verlassenschaft ihrer Eltern nicht erhalten, sondern *auf immer als Sklaven der Kirche angehören,* bei der ihre Väter, die sie schandmäßig erzeugten, angestellt waren.‹" Karlheinz Deschner (5), S. 438/439

Seite 67

„Wenn ihre blutigen und mörderischen Kriege zu Ende sind, so stürzen sie die Leute in jene abscheuliche Knechtschaft . . . Dann werden dem einen Teufel in Menschengestalt zweihundert, einem andern dreihundert Indianer empfohlen. Nun sagt der Obriste dem Teufel: Schickt mir hundert Indianer her! Sogleich kommen sie wie geduldige Schafe herbei. Wenn sie alle beisammen sind, läßt er dreißig oder vierzig von ihnen die Köpfe abschlagen, und sagt zu den andern: so werde ichs auch mit euch machen, sofern ihr mich nicht gut bedient, oder euch ohne meine Erlaubnis entfernt." Bartolomé de Las Casas (20), S. 112

„Nicht Fleiß, Klugheit und Tatkraft des weißen Mannes bildeten die Grundlagen für seinen Aufstieg und seine Vormachtstellung, sondern Brutalität, grausame Verbrechen an der übrigen Menschheit und eine Ideologie, die sehr dynamisch den jeweiligen Verhältnissen und egoistischen Interessen zur Rechtfertigung des Erreichten angepaßt werden konnte." Hartwig Weber (33), S.193/194

„Für Unterdrückung wie Missionierung gleichermaßen nützlich erwies sich das System der *encomienda.* Sie war der erste Schritt kolonialer Ausbeutung und galt der Rekrutierung von Zwangsarbeitern. ›Encomienda‹ heißt so viel wie Empfehlung. Eine beliebige Zahl von Indianern wurde von den lokalen Befehlshabern an die einzelnen Spanier verteilt und ihnen ›anempfohlen‹, mit der Begründung, eine solche Schutzherrschaft sei zu ihrer prompten Bekehrung vonnöten. In Wirklichkeit war der Status der Schutzbefohlenen der von Leibeigenen: Sie waren ihren neuen Herren auf Gnade oder Ungnade ausgeliefert und ohne Anspruch auf Entlohnung oder Unterhalt zu jeder Arbeitsleistung verpflichtet, die der ›Schutzherr‹ *(encomendero)* ihnen auferlegte." Hartwig Weber (33), S. 158

Papst Johannes Paul II. am 28. Januar 1979 vor der Bischofskonferenz in Puebla (Mexiko):

„Die Kirche besitzt dank der Frohen Botschaft die Wahrheit über den Menschen. Sie findet sich in ihrer eigenen Anthropologie, die die Kirche nicht müde wird zu vertiefen und zu verkünden. Die Grundlehre dieser Anthropologie besteht in der Lehre vom Menschen als Bild Gottes, der als solches nicht zu einem Teilchen der Natur reduziert werden kann oder zu einer anonymen Nummer der menschlichen Gesellschaft (vgl. *G.S.* 12,3 und 14,2) . . .

Diese vollständige Wahrheit vom Menschen macht das Fundament der Soziallehre der Kirche aus; sie ist gleichzeitig die Grundlage einer wahrhaften Befreiung. Im Lichte dieser Wahrheit ist der Mensch nicht ein den ökonomischen und politischen Prozessen unterworfenes Wesen, sondern diese Prozesse sind auf den Menschen hingeordnet und ihm unterworfen." (15), S. 75/76

Seite 69

Von der gesamten indianischen Bevölkerung, die zur Zeit des Kolumbus den Erdteil bewohnte, fielen NEUN ZEHNTEL dem bis in unsere Tage des 20. Jahrhunderts währenden Völkermord zum Opfer.

„Als sich die Ausbeutbarkeit und Belastbarkeit der Indios, die der Vernichtung entgangen waren, als leider nicht unbegrenzt erwies, verfiel man auf die Idee, schwarze Sklaven aus Afrika einzuführen. Dieser Menschenraub und Sklavenhandel zwischen Afrika und Amerika blieb über die ganze Kolonialzeit hin gesetzlich erlaubt. Er war Monopol der Krone, die die Erlaubnis dazu an Unternehmer verkaufte.

Unendlicher Schaden und unvorstellbares Leid kamen über die Gefangenen und Verschleppten. Schon die Zeit vor der Verschiffung stürzte die Schwarzen in grenzenlose Verzweiflung." Hartwig Weber (33), S. 181/182

„Und nun riet ausgerechnet Bartolomé de Las Casas, aus Mitleid mit den Indianern, Negersklaven nach Amerika zu schaffen, womit eine weitere und keinesfalls weniger gesegnete Phase der Heilsgeschichte begann. Schätzt man doch, daß zeitweise auf einen gefangenen Sklaven, der die afrikanische Küste noch lebend erreichte, zehn trafen, die schon beim Landtransport umgekommen waren, worauf von weiteren zehn etwa neun auf dem Seeweg verreckten." Karlheinz Deschner (6), S. 13

„Übrigens ist Las Casas selbst zum Opfer des taktischen Geschicks geworden, das er in der Audienz (Karl V., Hg.) von 1520 entfaltete. Er soll damals auf die zarte Konstitution der Indianer hingewiesen und geäußert haben, die Einwohner Afrikas seien den physischen Strapazen der Gruben- und Plantagenarbeit weit eher gewachsen. Dieser Hinweis ist aufgegriffen worden. Im Lauf der folgenden 350 Jahre wurden zwischen fünfzehn und zwanzig Millionen Menschen aus Afrika verschleppt und als Sklaven nach Amerika verkauft. Der Sklavenhandel, eines der größten Geschäfte der Weltgeschichte, berief sich auf die Worte, die Las Casas vorgebracht hatte, und ernannte ihn zu seinem Schutzpatron. Er hat sich nicht verteidigt, aber in seiner *Historia general de las Indias* stehen die lapidaren Sätze:
›Der Priester Las Casas hat als erster dazu geraten, daß man Afrikaner nach Westindien einführe. Er wußte nicht, was er tat. Als er vernahm, daß die Portugiesen wider alle Rechtlichkeit in Afrika Menschen fingen und sie zu Sklaven machten, bereute er bitter seine Worte . . . Das Recht der Schwarzen ist dem Rechte der Indianer

gleich.‹“ B. de Las Casas, Nachwort von Hans Magnus Enzensberger (20), S. 144

Papst Johannes Paul II. am 15. Februar 1979 in Santo Domingo:

„In verhältnismäßig kurzer Zeit haben die Glaubensboten ganz Santo Domingo und dazu den Kontinent erfaßt und die Grundlage zu einer Lebensvielfalt gelegt, die wir heute als sogenannte Neue Welt vor Augen haben. Seit den Anfängen der Entdeckungen war die Sorge der Kirche darauf gerichtet, das Reich Gottes im Herzen der bisher unbekannten Völker, Rassen und Kulturen, und zumal bei euren Vorfahren, präsent zu machen.
Wenn wir hier verdienten Dank aussprechen müssen an jene, die den Samen des Glaubens zuerst ausgestreut haben, so hat er an erster Stelle den religiösen Orden zu gelten, die sich ganz der Aufgabe der Evangelisierung gewidmet haben, auch wenn es sie Opfer bis zum Martyrium kostete.“

Einer der Märtyrer war der Dominikanerpater Vicente de Valverde, der dem Inka-König Atahualpa die Bibel vorgelegt und den Räubern und Mördern immer wieder die Absolution erteilt hatte. Er wurde schließlich von Indianern gefaßt; sie sollen ihm flüssiges Gold in die Augen gegossen und gesagt haben: „Wir zeigen dir das, was du dein Leben lang sehen wolltest!“ (zit. bei H. Dollinger (10), S. 246). Die vielen Millionen Märtyrer roter und schwarzer Hautfarbe überging der Papst, auch daß für jeden der erwähnten Märtyrer laut Gesetz 100 Indianer eines qualvollen Todes sterben mußten; er sagte nur:

„Der Boden Amerikas mit seinen reichen geistlichen Überlieferungen hat sich als geeignet erwiesen, den neuen Samen des Christentums aufzunehmen.“ (15), S. 17

Seite 70-71

„Schon im 5. Jahrhundert ist der Bischof von Rom der größte Grundbesitzer im Römischen Reich . . . Im 8. Jahrhundert erwirbt man durch Betrug und Krieg den Kirchenstaat. Und im Mittelalter befindet sich nicht weniger als ein Drittel des gesamten europäischen Bodens in klerikaler Hand und wird von hörigen Bauern bearbeitet.

Früher als die meisten Höfe geht die Kurie von der Naturalien- zur Geldwirtschaft über und entwickelt sich rasch im engen Kontakt mit den aufkommenden Banken zu einer der bedeutendsten Finanzmächte der Welt. Mit Exkommunikation und Interdikt treibt sie Zahlungen ein oder schickt gegen säumige Schuldner die Fürsten vor, die sie am Geschäft entsprechend beteiligt . . .

Schon um das Jahr 1000 brandmarkt der Bischof von Orléans die ›Schande‹, daß an der Kurie fast alles käuflich sei und die Urteile nach dem Goldgewicht abgemessen werden. Im 13. Jahrhundert klagt Bischof Jakob von Vitry: ›Alles nur um Irdisches und Zeitliches, um Könige und Königreiche, um Prozesse und Streitigkeiten. Kaum ein Gespräch über geistliche Dinge war erlaubt.‹ Ende des 15. Jahrhunderts ruft Savonarola in Florenz: ›Sie handeln mit Pfründen und verkaufen sogar das Blut Christi.‹ . . .

Trotz Verbotes verkauften sie jeden Bischofsstuhl, jeden Abtssitz, jede Domherrenwürde . . . Sie verkauften jede Bulle, jede Gnadenerweisung, jede Urkunde, jede Entscheidung. Sie verkauften die heiligsten Reliquien und führten sie noch in der Antike, wo sie bereits im 4. Jahrhundert Tuchreliquien fabrikmäßig herstellen ließen, massenhaft aus . . . Und von 19 überprüften Heiligen existieren noch heute in Kirchen und Klöstern 121 Köpfe, 136 Leiber und eine stupende Fülle anderer Glieder. ›Die Vorhaut Christi‹, schreibt Alonso de Valdes, ›habe ich selbst gesehen in Rom, Burgos, Antwerpen‹ – sie soll noch immer 14fach vorhanden sein –, ›allein in Frankreich gibt es über 500 Zähne des Jesuskindes. Die Milch der Muttergottes, die Federn des Hl. Geistes werden an vielen Orten aufbewahrt.‹ . . .
Die Päpste kassierten Pacht und Zins aus ihren Hoheitsrechten, aus ihnen unmittelbar unterstellten Kirchen, Klöstern und Städten, aus ganzen lehenspflichtigen Ländern . . . Sie kassierten Geld für die Verleihung und Bestätigung von königlichen Kronen . . . Sie kassierten gewaltige Bestechungssummen, trieben den schwungvollsten Ablaßhandel . . . Sie erhöhten ständig die Steuern und erfanden laufend neue, allein Papst Urban VIII. nicht weniger als zehn . . . Papst Bonifatius annullierte 1402 alle Anwartschaften auf irgendwelche Pfründe, bloß um jeden, der schon dafür gezahlt, nochmals zu erpressen . . . Papst Sabianus hortete Getreide und verhökerte es 605 in Zeiten der Hungersnot zu Wucherpreisen. Papst Sixtus IV. (ein ehemaliger Franziskaner, baute die nach ihm benannte Sixtinische Kapelle und führte 1476 das Fest der Unbefleckten Empfängnis ein,

Hg.), der es mit seiner Schwester und seinen Kindern trieb, gründete Freudenhäuser in Rom, vermietete sie an Kardinäle und belegte noch die Huren mit einer Sondersteuer von jährlich 20 000 Dukaten ... Wenn viele Päpste, wie die meisten Potentaten, auch für Repräsentation, Luxus, Mätressen, für Neffen, Söhne und Töchter hohe Summen springen ließen, wenn sie mit Raubzügen, Wuchergewinnen und den Lügen der Ablaßhändler Kirchen erbauten, die die Welt heute noch bewundert, wenn Eugen IV. eine Krone im Wert von zwei Millionen Francs, Paul II. Edelsteine im Wert von acht bis zehn Millionen Francs erwarb, Leo X. (›Laßt uns ein frohes Papsttum leben!‹) allein für seine Tafel monatlich 10 000 bis 12 000 Dukaten verpraßte, Nicolaus III. ein Fürstentum nach dem anderen an Verwandte gab und die Stellvertreter noch in den ersten 75 Jahren des 17. Jahrhunderts die riesige Summe von fast 17 Millionen Goldscudi verschleuderten – man könnte lange derart weiterfahren –, so wurde Geld für sie doch immer mehr ein entscheidendes Mittel ihrer Macht, ihr wichtigstes Regierungsinstrument bis heute ..." Karlheinz Deschner (7), S. 37, 39-41

Und die Aktiva aus dem Bilanzbuch dieses Jahrhunderts:

„Den größten Grundbesitz in der christlichen Welt repräsentiert noch immer die katholische Kirche ...
Das geschäftliche Hauptinteresse der Kirche Christi aber, die sich laut Pius XII. nicht in rein wirtschaftliche Fragen einmischt, konzentriert sich auf Aktien. Die vatikani-

schen Kapitalien sind in allen möglichen Unternehmen investiert, und zwar ›fast stets ohne Rücksicht auf den sittlichen Charakter der Betriebe‹; in französischen Erdölgesellschaften, argentinischen Gas- und Kraftwerken, bolivianischen Zinngruben, brasilianischen Gummifabriken, nordamerikanischen Stahlunternehmen, in großen italienischen, deutschen, schweizerischen Firmen, und selbst Börsenspekulationen und Dividenden aus Spielbanken werden vom Heiligen Stuhl nicht verabscheut . . .

Im Jahre 1956 betrugen nomineller Aktienbesitz und Kapitalbeteiligung der Kurie allein in Italien, umgerechnet auf DM, 6 Milliarden. Der Gesamtbesitz des Vatikans an Aktien und Kapitalbeteiligungen wurde für 1958 auf etwa 50 Milliarden DM geschätzt.“ Karlheinz Deschner (5), S. 429/431

Der katholische Theologe Hans Küng:

„Der Herr hat nie seine Zustimmung zu jener Art von Kirchenleitung gegeben, die wir seit dem dritten Jahrhundert haben, als unsere Kirche den Händen Jesu Christi entglitt.“ Zit. bei Nino Lo Bello (21), S. 196

Papst Johannes Paul II. am 30. Januar 1979 im Elendsviertel Santa Cecilia von Guadalajara (Mexiko):

„Liebe Brüder und Schwestern! Lebhaft habe ich danach verlangt, euch, die Einwohner des Dorfes Santa Cecilia, zu treffen, weil ich mich mit euch solidarisch fühle und weil ihr durch eure Armut ein Recht auf meine besondere Zuneigung habt.

Ich nenne euch auch gleich den Grund: der Papst liebt euch, weil ihr von Gott besonders geliebt seid. Gott selber wollte bei der Gründung seiner Familie, der Kirche, als Armer und Hilfsbedürftiger unter den Menschen sein. Um die Menschen zu erlösen, sandte Gott ja seinen Sohn, der arm geboren wurde und unter den Armen lebte, um uns durch seine Armut reich zu machen (vgl. *2 Kor. 8,9*) . . . Wir stehen auch nicht mehr verlassen da, denn als Kinder Gottes sind wir auch ›Erben aller Güter, die er jenen ausstellt, die ihn lieben‹ *(Mt. 11/28)*." (15), S. 113

„In öffentlich-rechtlichen Verträgen vergab die spanische Krone befristete Handelslizenzen – *asientos de negros* –, die mit einer Importsteuer verbunden waren, wodurch der Hof sich seinen Anteil an dieser neuen Quelle des Reichtums sicherte. Den ersten *asiento* erhielt der Kaufmann Pedro Gómez Reynel. Er verpflichtete sich, in neun Jahren über Cartagena de las Indias mindestens 30 000 Sklaven einzuführen. Der Anteil der Krone an diesem Geschäft war mit 900 000 Dukaten veranschlagt." Lothar Wehrle (32), S. 239

„Wie bei den Indianern, so scheute man auch bei den Schwarzen nicht davor zurück, das ganze System der Ausbeutung und Knechtung dadurch zu legitimieren, daß man auf die ›animalische Natur‹ der Unglücklichen verwies. Die kirchliche Propaganda ihrerseits schlug die Werbetrommel und rief die Herrschenden mit dem Versprechen zu Missionierungen auf, christlich erzogene Sklaven arbeiteten freudiger und ordneten sich der

Führung der Weißen widerstandsloser unter." Hartwig Weber (33), S. 194

Seite 72-79

„Die Schwarzen waren dasjenige Werkzeug, das sich die Europäer aus einem Kontinent beschafften, um damit einen anderen zu berauben. Sie wurden dazu gebraucht, um die ungeheuren Reichtümer der Neuen Welt, Gold und Silber, Zucker und Kaffee, zu plündern." Hartwig Weber (33), S. 187

„Der Protestantismus ging von Anfang an in den gleichen Bahnen, nachdem Luther Leibeigenschaft und Sklaverei theologisch gerechtfertigt hatte. Bis weit ins 19. Jahrhundert trieben evangelische Staaten unter der theologischen Billigung der Missionare Sklavenhandel und gingen auf Sklavenjagd." Joachim Kahl (17), S. 22

„Die Mitte des 16. Jahrhunderts ist gerade überschritten. In England lebt ein Mann namens Sir John Hawkins. Seine aufrichtige Frömmigkeit und seine große Herzensgüte werden gerühmt. Sir John ist Schiffseigner. Eines seiner Sklavenschiffe heißt ›Jesus‹. ›Jesus‹ ist das erste englische Sklavenschiff, Sir John der erste englische Sklavenhändler." Hartwig Weber (33), S. 179

Die auf S. 75-79 aufgeführten Greueltaten sind eingehend beschrieben bei Isabelle Aguet (1)

„Jeder Sklavenbesitzer möchte, daß seine Neger möglichst viele Kinder zeugen: Die Farmer der Baumwollstaaten zahlen schon für ein vierjähriges Kind 200 Dollar. Die Besitzer streben danach, daß möglichst jedes schwarze Mädchen mit 16 Jahren Mutter wird. ›Landwirtschaftsvereine schämten sich nicht, schwarze Sklavinnen, die mit 17 Jahren bereits mehrere Kinder hatten, als ‚good breeder' (gutes Zuchttier) wie eine Kuh oder ein Schwein zu prämiieren. Ebenso wurden besonders kräftige Neger, ‚buck niggers' (Sprungneger), wie Zuchtbullen von Plantage zu Plantage ausgetauscht und zu dem Zweck, dem sie dienten, bestens ernährt.‹ (Ernst Bartsch, *Koloniale Welt im Aufbruch,* Berlin Ost 1960): ›Innerhalb von vier Jahrzehnten werden allein aus Virginia und Maryland mehr als eine Viertelmillion ‚gezüchteter Neger' nach dem Süden verkauft.‹" Gert v. Paczensky (22), S. 169/170

„Vor der Blüte des Sklavenhandels lebte in Afrika ein Fünftel der gesamten Menschheit. Der schwarze Kontinent hatte damals eine genauso große Bevölkerung wie Europa. Während heute die Europäer immer noch ein Fünftel der Menschheit ausmachen, schrumpfte der Anteil der Afrikaner auf ein Fünfzehntel der Weltbevölkerung zusammen. Die Industrialisierung und Entwicklung Europas zum Weltausbeuter wäre bei gleichem Aderlaß an junger, zukunftstragender Bevölkerung bei uns nie möglich gewesen." Hartwig Weber (33), S. 190/191

„Der Zusammenbruch der Sklavenwirtschaft kam denn auch nicht durch humanitäre Einsicht oder auf Grund moralischer Bedenken der auf ihre Zivilisation so stolzen Europäer zustande. Er war ganz einfach der wirtschaftliche Fortschritt, der neue Bedingungen diktierte. Der Maschine und den kapitalistischen Erfordernissen des Marktes war das vergleichsweise behäbige und teure Sklavensystem schließlich ein Hindernis. Jetzt durften sich die Gegner der Sklaverei zu Wort melden, und Europa ließ sich einen weiteren Schritt zur Humanisierung der Verhältnisse und des Bewußtseins seiner Menschen abtrotzen, Grund genug, sich alsbald stolz seiner Liberalität und Menschlichkeit zu rühmen.“ Hartwig Weber (33), S. 194

Papst Johannes Paul II. am 2. Juli 1980 in seiner Ansprache an die Mitglieder des Lateinamerikanischen Bischofsrates (CELAM) in der Kathedrale von Rio de Janeiro:

„Eben weil sie das Evangelium verkündet, erhebt die Kirche ihre Anklage, wenn die überragende Würde des Menschen verletzt und wenn seine Demütigung zum Dauerzustand wird. Das gehört zu ihrem Prophetenamt. Sie klagt alles an, was sich dem Plan Gottes widersetzt und die Verwirklichung des Menschen behindert. Sie klagt an, um den in seinen Rechten verletzten Menschen zu verteidigen, damit seine Wunden heilen und die Bereitschaft zur wahren Bekehrung geweckt wird.“ (16), S. 38

Seite 81-82

„Wenn man sich die Führungszeugnisse von Christen und christlichen Völkern ansieht, wird man nicht so beeindruckt, daß man ernsthaft den Wunsch haben könnte, ein Christ zu werden. Von Papst bis Bettler, von Protestant bis Katholik, von Konstantinopel bis zu den Vereinigten Staaten gibt es Greuel, Irrtümer, Verfolgung, Völkermord und Unterdrückung in einem solchen Übermaß, daß in den Herzen und Köpfen der nichtchristlichen Völker nackte Angst herrscht." Vine Deloria jr. (3), S. 109

Heinrich Heine:

„Geht nach Amerika! Dort gibt es weder Fürsten noch Adel, alle Menschen sind dort gleich, mit Ausnahme freilich einiger Millionen, die eine schwarze oder braune Haut haben und wie Hunde behandelt werden. Dabei machen die Amerikaner großes Wesen von ihrem Christentum und sind eifrigste Kirchengänger. Doch weltlicher Nutzen ist ihre eigentliche Religion, und das Geld ist ihr Gott. O Freiheit, du bist ein böser Traum!" H. Heine: *Ludwig Börne, eine Denkschrift,* II. Teil

Seite 82-85

Marie Helene Laraque, Herausgeberin der panindianischen Zeitung „Indigena":

„Der größte Teil der Sorgen, Nöte und Lebensumstände

der Indianer ... gilt mit Sicherheit nicht nur für die verschiedenen Stämme in den Vereinigten Staaten, sondern für die meisten Indianer in der ganzen ‚westlichen Hemisphäre' in Nord-, Mittel- und Südamerika.

Wir bestehen aus vielen Stämmen, aber wir sind ein Volk.

Wir sind keine Minderheit – es gibt von uns 40 Millionen.

Wir kämpfen ums Überleben – um das Recht zu leben, unser Leben selbst zu gestalten und freie Menschen zu sein.

Auf beiden Kontinenten stehen wir dem gleichen Feind gegenüber: Habgier, Korruption, Manipulation, Materialismus und der Ausdehnung der Technik – alles wird entschuldigt als ›Manifest Destiny‹ – von denen, die unsere Tradition zerstören, unser Land stehlen und sogar unsere Seelen. Auch ihre Werkzeuge sind die gleichen: Gewalt, Betrug, Alkohol, Gift und Christentum.

Das Christentum mit seinen vielen verwirrenden Erscheinungsformen wird weiterhin als eine wichtige Waffe gebraucht, um unsere Traditionen auszuhöhlen und unser Volk zu vernichten. Selbst heutigen Tages ist es vielerorts noch eine Tatsache, daß der Missionar und der Soldat die wichtigsten Werkzeuge sind, um Indianer zu ›zivilisieren‹ – und ›zivilisieren‹ bedeutet fast soviel wie die vollständige Vernichtung der meisten Stammesvölker.

In ganz Lateinamerika – das in Wirklichkeit mehr indianisch als lateinisch ist – betätigen sich Missionare der verschiedensten Konfessionen und Sekten, viele aus den U.S., unterstützt von rassistischen, brutale Unterdrückung ausübenden Regierungen. Ihre Tätigkeit erleichtert die Zerstörung lebensfähiger Lebensformen, wodurch die Indianer dann in die sozial am tiefsten stehenden Bevölkerungsschichten geraten. Dies geschieht oft unter dem Vorwand, daß man Missionen für die Erziehungsprojekte in den indianischen Gemeinden einrichten müsse, und zwar mit den gleichen Mitteln und Ergebnissen wie ähnliche Einrichtungen in den indianischen Gemeinden in diesem Land – z.B. Volksschulen, Einmischung in Stammesangelegenheiten, Aneignung wertvollsten Bodens, Zersetzung der traditionellen Verwaltung, der Religion, der Heilkunde und des Familienlebens. Dazu kommt, daß Isolation, große Entfernungen und die völlige Unmöglichkeit, daß die Opfer den Rechtsweg beschreiten können, einigen christlichen Missionaren noch größere Freiheit geben, schwerwiegende Verbrechen gegen das Volk von Lateinamerika zu begehen. Das folgende ist nur eine kurze Aufzählung aus den letzten Jahren:

- routinemäßige Entführung und Gehirnwäsche indianischer Kinder zum Zweck der ›Erziehung‹ (in der ganzen Hemisphäre)
- Mißbrauch indianischer Kinder als Dienstpersonal für persönliche Zwecke (Venezuela)
- das Einreden von Schuldbewußtsein und Schande bei Nacktheit, der Zwang zum Tragen von westlicher Kleidung, was zur Übertragung unbekannter epidemischer Krankheiten führt, gegen die Indianer keine natürlichen Abwehrstoffe haben, daher häufige Todesfälle (im Amazonasgebiet)

- das Verbot indianischer Zeremonien, Tänze, des Federschmuckes und sogar der traditionellen Nahrung, was zu Unterernährung führt (Brasilien)
- der Befehl, indianische Familien zu verhaften, die auf ihrer eigenen *Reservation* Landwirtschaft betreiben, weil die katholische Kirche sich das Land illegal angeeignet hat (Popayan, Columbien 1973)
- die Vertreibung der Auca-Indianer von ihrem ölreichen Land zugunsten der Shell-Öl-Company (Ecuador 1971)

In diesem Sommer hat eine Anzahl kolumbianischer Organisationen das aus Kalifornien stammende Sommer-Institut für Sprachenforschung der Wycliffe Bibelübersetzer beschuldigt, als Spitzel für das CIA zu arbeiten und verlangte, es des Landes zu verweisen. Davor hatte man die Entdeckung gemacht, daß eben diese Organisation von Missionaren beim CIA aktiv mitgearbeitet hatte durch die Benutzung zweier wenig bekannter bolivianischer Indianersprachen als Codes, um Nachrichten während des Vietnam-Krieges zu übermitteln.
Das Amazonas-Gebiet wird jetzt als ›letzte Grenze‹ der Entwicklung geöffnet. Viele abgelegene Indianersiedlungen sind von Missionaren besetzt *(auch Nordamerikanern),* die auch von entscheidender Bedeutung bei der Umwandlung der indianischen Gemeinden in Konsumgemeinden sind . . .

Wir geben zu, daß es unter diesen christlichen Gruppen auch ein paar aufrichtige und tapfere Leute gibt, die die gerechte Sache der Indianer mit großem persönlichen Risiko verfochten haben. Eine Anzahl brasilianischer Priester und Bischöfe hat aktiv mitgewirkt bei der Ermittlung und Dokumentation von Missetaten, die an den Indianern im Lande verübt wurden. Dafür sind manche gefoltert worden, und manche sind noch im Gefängnis. Vor ein paar Monaten hat eine Versammlung von bolivianischen Bischöfen öffentlich die U.S.-Agentur CARE beschuldigt, an die lateinamerikanischen Indianer Lebensmittel verteilt zu haben, die sterilisierende Wirkstoffe enthalten. Es war ein Priester, der geholfen hat, den noch immer bestehenden Sklavenhandel mit Indianern in Paraguay zu dokumentieren. Wir schätzen die Unterstützung und den persönlichen Einsatz solcher Einzelpersonen hoch. Aber wir wissen, daß das Christentum keine Achtung vor anderen Religionen hat. In beiden Amerikas geraten sich Katholiken und Protestanten in die Haare beim Kampf um indianische ›Seelen‹. Viele Christen erklären und verteidigen immer noch die Vernichtung indianischer Völker und Nationen als etwas Notwendiges zu unserem eigenen ›höheren Glück‹.

Man sollte es uns überlassen zu entscheiden, was für uns das beste ist.

Wenn die christlichen Kirchen sich ehrliche Sorgen um die Indianer machen, sollten sie uns anhören, uns unterstützen und aufhören mit dem Versuch, uns als ein Mittel für ihr eigenes, irregeleitetes Streben nach dem Heil zu benutzen.

Keine Missionare und keine von Menschenhand gebaute Kirchengebäude mehr, das ist es, was wir brauchen . . .

Wir wollen niemandem unsere Art zu leben aufzwingen. Aber wir wollen auch umgekehrt uns nicht fremde Lebensformen aufzwingen lassen . . .
Wir haben zuviele leere Versprechungen und Lügen von den Kirchenvertretern gehört . . ."
Aus der panindianischen Zeitschrift Nordamerikas *Akwesasne Notes,* Vol. 7, No. 5, Early Winter; die deutsche Übersetzung von Anneliese Rudwaleit wurde abgedruckt in *Progrom, Zeitschrift für bedrohte Völker,* Nr. 50/51, 8. Jahrgang

„Die Länder Südamerikas geben sich gar nicht erst den Anschein, die Ausrottung der Indianer begründen oder vertuschen zu wollen. Brasilien betreibt seit Jahren systematischen Völkermord. Die dort gegen die Ureinwohner begangenen Grausamkeiten sind von vielen Organisationen dokumentiert und werden nur von den amtlichen Stellen Brasiliens dementiert. Die Indianer haben nicht die Spur eines Rechts auf ihr Land. Sie werden vertrieben und getötet, wenn die Regierung Land braucht . . .
Das Christentum trägt an diesen Zuständen schwere Schuld. Ohne das ursprüngliche christliche Dogma, das den Europäern einen Freibrief für den Rest der Welt ausstellte, hätte es Ausbeutung und Unterdrückung in diesem Ausmaß nie geben können. Nur weil sich westliche Habgier mit religiösem Fanatismus verband, war das möglich. Noch heute streifen Missionare durch den Dschungel am Amazonas auf der Suche nach Indianerstämmen, die sie bekehren können, und ihnen folgen die Berufskiller, um die Stämme auszurotten. Dann kommen die Bürokraten der Regierung und die Straßen-

bauingenieure, um das Landesinnere für den Welthandel ›zu erschließen‹.
In jeder Generation gingen bei der Vernichtung der Völker der Welt Handel und Bekehrung Hand in Hand zugunsten der kommerziellen Interessen des Westens und des Christentums. Wo das Kreuz aufgerichtet wird, gibt es kein besseres Leben – nur Tod, Vernichtung und schlimmsten Betrug. Im Gegensatz zu allen anderen Ländern haben die USA inzwischen einen Anfang gemacht, Gerichtsverfahren und Anhörungen zuzulassen, durch die der rechtliche Status der Eingeborenenbevölkerung geklärt werden könnte.“ Vine Deloria jr. (3), S. 143/144

„Seit der ›Entdeckung‹ sind 485 Jahre vergangen, und immer noch sind wir unter dem Joch der Missionare, die mit den gleichen Zielen und Methoden wie vor 485 Jahren arbeiten. Das ist der Beweis für das Scheitern der Mission. Was haben sie für uns getan? Wie lange noch werden wir sie ertragen müssen und uns anhören müssen, daß sie sich für uns aufopfern, indem sie ihr Leben damit verbringen, uns bei unserer Entwicklung zu helfen und zu ›zivilisieren‹.“ Siméon Jiménez Turón, Yekuana-Indianer, in: *Indianer in Lateinamerika* (13), S. 109

Papst Johannes Paul II. am 7. Juli 1980 in San Salvador da Bahia (Brasilien):

„Man sollte auch nicht sagen, der Evangelisierung müsse notwendig der Prozeß der Humanisierung vorausgehen. Der wahre Apostel des Evangeliums ist jener, der zugleich humanisiert und evangelisiert in der Gewißheit, daß er den, den er evangelisiert, zugleich auch zivilisiert." (16), S. 105

Eine amerikanische Missionsgemeinschaft:

„Die Sitten und Gebräuche der Indianer sind nicht mit dem moralischen Kodex der christlichen Zivilisation zu vereinbaren. Deshalb muß man sie verbessern und unseren Wertvorstellungen anpassen". Zit. bei Fritz Trupp (30), S. 227

„Und es gibt noch ein Problem in der Schöpfungslehre. Fast während der ganzen christlichen Ära lehrte man die Menschen, daß die Schöpfungsgeschichte der Genesis eine historische Tatsache sei. Obgleich viele Theologen inzwischen zugegeben haben, daß der Bericht höchstens mythologisch aufzufassen sei, halten ebenso viele und ein großer Teil der Masse ihn immer noch für bare Münze . . .
Solche Probleme gab es bei den Stammesreligionen nicht. Der Stamm wußte, daß er zu einem bestimmten Land und dessen Lebensformen gehörte, und das genügte. Die Stammesreligionen sahen ihre Aufgabe darin, die Beziehung zwischen der Stammesgruppe und allen anderen Teilen der Schöpfung herzustellen. Was der Indianer über die geschichtliche Wahrheit von Schöpfungslegenden denkt, geht aus folgender Geschichte hervor, die Dr. Charles Eastman, der berühmte Arzt der Sioux, berichtet hat:
Ein Missionar wollte eine Gruppe von Indianern über die Wahrheit seiner Religion belehren. Er erzählte ihnen

von der Erschaffung der Erde in sechs Tagen und dem Sündenfall unserer Ureltern, weil sie einen Apfel gegessen hatten.
Die höflichen Wilden lauschten aufmerksam, und nachdem sie ihm gedankt hatten, erzählte einer von ihnen eine sehr alte Geschichte vom Ursprung des Mais. Aber der Missionar zeigte nur Unglauben und Widerwillen und sagte unwirsch: ›Ich habe euch die heilige Wahrheit gesagt, und ihr erzählt mir Märchen und verlogenes Zeug!‹
›Mein Bruder‹, erwiderte ernst der in dieser Weise beleidigte Indianer, ›mir scheint, du bist in den Regeln der Höflichkeit nicht sehr erfahren. Wir haben diese Regeln befolgt und deine Geschichte geglaubt. Warum willst du die unsrige nicht glauben?‹“ Vine Deloria jr. (3), S. 69

„Wir glauben, daß in Wirklichkeit alle Religionen gleich sind – alle ein Teil des Großen Geistes. Das Problem liegt nicht im Christentum oder in irgendeiner anderen Religion, sondern darin, was man daraus gemacht hat. Man hat alles vollkommen verdreht. Ihr habt die Religion . . . zu einer Religion der Missionare, der Armee-Pater, der Agenten des Büros für Indianische Angelegenheiten gemacht. Das sind zwei vollkommen verschiedene Religionen, mein Freund. Irgendwie spüren das die jungen Leute. Deshalb kommen sie zu uns – auf der Suche nach einer geistigen Erfahrung, die ihnen ihre Kirche nicht mehr geben kann . . .
Für Indianer ist es gut, wenn sie alle indianischen Religionen als gemeinsames Schatzhaus betrachten, als et-

was, das uns verbindet in unserem Ausblick auf die Natur, auf uns selbst, uns zu einer Einheit macht und nicht allein zu Sioux, Cheyennes, Navajos, Pueblos, Iroquois, Haidas, sondern zu etwas viel Größerem, Umfassenderem – zu Indianern." John Fire Lame Deer, Medizinmann der Sioux, (19), S. 232 u. 234

„William Wuttnee, ein bekannter Cree-Indianer von der Red Pheasant Reservation in Saskatchewan, heute Anwalt und Leiter der National Indian Council of Canada, führte an einer Tagung des United Churchs Board of Evangelism and Sicial Services 1964 Folgendes aus:
›. . . Die Indianer sind von den christlichen Kirchen verraten und gegeneinander aufgehetzt worden . . . Die Kirchen lehrten den Indianer, daß sein Glaube an den Großen Geist heidnisch und schlecht sei. Die Kirche hat dem Indianer gegenüber das Wort gebrochen . . .‹" Hans Läng, in: Schwarzer Hirsch, *Die Heilige Pfeife,* (26), S. 208

„Wahr aber ist, daß Amerikas Ultra-Konservative die aggressiven Sekten unterstützen. Für ihre Missionsarbeit machte der texanische Milliardär Nelson Bunker Hunt 35 Millionen Dollar locker. Der Holiday-Inns-Konzern, die McDonnell-Douglas-Flugzeugwerke, Mobil-Oil und Coca-Cola spendeten ebenso dafür wie der Reagan-Freund Joseph Coors, ein Bierbrauer aus Colorado . . . Zu den Glaubensgrundsätzen der Fundamentalisten gehört, ganz im Sinne des Apostel Paulus, Gehorsam gegenüber der Obrigkeit." aus: *Der Spiegel,* Hamburg 4.2.1985

Wie Missionare indianische Kulturen zerstören:
„Dies wird unser erster Besuch bei den Campas (Pauti / Peru, Hg.) sein, die, mit einer Bevölkerung zwischen 25 000 und 50 000, den größten Stamm im peruanischen Amazonasgebiet darstellen . . .
Die Indianer kommen aus ihren Häusern, um uns zu begrüßen . . . Sie sind mager und sehen nicht besonders gesund aus. Viele scheinen unter Tuberkulose zu leiden, sie husten und haben fiebrige Augen. Sie scheinen ein weiteres erschreckendes Beispiel zu sein für den Kontakt zwischen christlichen Missionaren und indianischen Völkern, mit seinen verheerenden Folgen.
Die Missionare beorderten die Indianer zur Kirche. Die Kirche ist ein Gebäude, das wesentlich größer ist als alle anderen. Ein Schild bezeichnet es als *Templo Adventista del Septimo Dia* (den Tempel der Siebten-Tag-Adventisten) . . .
Über dem Dorf hing eine düstere apathische Atmosphäre . . . Im Gegensatz zu den Shipibos, die wir kürzlich besucht hatten, hörte man hier nie ein fröhliches Lachen . . . Kein Tanzen, kein Singen, kein Trommeln.
Wir sprachen mit dem Prediger, der Spanisch sprach. Von ihm erfuhren wir, daß die Missionare den Indianern das Rauchen, das Tragen von Schmuck und Bemalung, das Tanzen und das Singen ihrer eigenen Lieder und schließlich das Trommeln verbieten. Nur christliche Hymnen und Zeremonien sind ihnen erlaubt. Die Adventisten haben ihnen außerdem verboten, ein nahrhaftes Getränk, das aus Maniok und Bananen gewonnen wird, zu trinken. Darüber hinaus haben sie den Indianern auch noch verboten, Wildschweinfleisch zu essen, was in

diesem Teil des Amazonagebietes die am häufigsten auftretende Wildart ist. Dies nur, weil die Missionare glauben, daß Schweinefleisch ein unreines Essen ist. Aus dem gleichen Grund ist ihnen auch verboten, Fisch ohne Schuppen zu essen. Mit anderen Worten, sie dürfen den größten, nahrhaftesten und häufigsten Fisch, den Katzenwels, nicht essen . . .

Wir hatten den Indianern einen Fußball geschenkt, und Samstag fragten wir nun, ob wir nicht mal spielen wollten. ›Nein, heute nicht‹, sagte der Prediger, ›am Sabbath dürfen wir nicht Ball spielen‹.

War dies wirklich eine christliche Mission? Es war eine methodische Ausrottung der Kultur und Tradition eines Volkes. Es brachte eine Vielzahl von Verboten, die die Gesundheit beeinträchtigten und alles ausschlossen, was das Leben erfreulich macht. Wie war es möglich, daß es den Adventisten gelang, eine solche Macht über diese Indianer zu gewinnen, die noch vor ein paar Jahren völlig frei und unabhängig waren? Warum wehrten sie sich nicht und vertrieben die Missionare?

Bald nach diesem Besuch trafen wir Campas, die jede Einmischung und den zerstörerischen Einfluß von Außenstehenden ablehnten und bereit waren, nötigenfalls ihre Unabhängigkeit gewaltsam zu verteidigen. Vielleicht werden unsere Campa-Freunde in Pauti sich eines Tages auflehnen und die Missionare vertreiben, die eine eigenmächtig ernannte Vormundschaft über sie ausüben.“ Rolf Blomberg in der panindianischen Zeitung *Indigena,* deutsche Übersetzung von Britta Hemshorn in *Pogrom, Zeitschrift für bedrohte Völker,* Nr 54/55/56, 9. Jahrgang

Das *Instituto Linguistico de Verano* (ILV), in der englischen Form *Summer-Institute of Linguistics* (SIL), und deren Muttergesellschaft, die *Wycliffe-Bible-Translators* (WBT):

„Die Eingeborenen sind Kinder, die in einer verlorenen und verruchten Kultur unter der Herrschaft des Satans leben."
(Aus der Wycliff-Zeitschrift TRANSLATION)

„Mit der Kombination von wissenschaftlichen Techniken und religiöser Mystik repräsentiert diese Organisation eine neue Form im alten Prozeß der ‚Befriedung' von Naturvölkern. So wie früher werden noch heute Naturvölker lediglich als ein Objekt für die Ausweitung von Kapitalinteressen der ‚Zivilisierung' und Missionierung angesehen. Die Indianer können ihre Unterdrückung mit den Begriffen ‚Fortschritt und Zivilisation', ‚Christianisierung' und jetzt ‚Sprachforschung' beschreiben.
Es erscheint uns notwendig, aufzuzeigen, wie diese neuen Missionsgesellschaften mit raffinierten Methoden zu erreichen versuchen, daß die Naturvölker sich nicht mehr gegen die Eindringlinge, gegen alte und neue Unterdrücker wehren.
Da diese Methoden aus unserer Zivilisation, aus unserem System stammen und mit Rohstoffen wie Gold, Erdöl, Uran zu tun haben, müssen wir uns damit beschäftigen.
Ziel der Arbeit vieler ‚Religionsunternehmen' ist auch, die Indianer in das nationale Leben zu integrieren. Die ‚integrierten' Indianergesellschaften geben keinen Schutz mehr vor Agressoren, die Bewohner werden

vereinzelt und sind auf die ‚Hilfe' der Eindringlinge mehr und mehr angewiesen ... Das ILV/WBT zählt zu den wichtigsten protestantischen Missionsgesellschaften und ist die größte Einzelorganisation, die sich speziell mit den eingeborenen Völkern befaßt ...

Welche Anklagen liegen vor?

- Warum wird das ILV/WBT immer mehr von Indianergruppen und selbst Regierungen abgelehnt, wie in letzter Zeit in Peru, Kolumbien, Ecuador, Panama, Brasilien, Nepal, etc.?
- Warum erklärte der kolumbianische Geheimdienstchef, General J. Matallana, daß die Gegenwart fremder Missionare die Eingeborenenvölker zum ‚kulturellen Selbstmord' treiben würde?
- Warum forderten im Oktober 1975 Professoren der Universität San Marcos, Lima (Peru) die sofortige Ausweisung des ILV/WBT unter Hinweis auf dessen völkermordende und imperialistischen Aktivitäten?
- Warum behauptete die mexikanische Zeitschrift ‚El Dia', das IVL würde vom CIA als Vehikel benutzt, um in die einheimischen Gemeinschaften einzudringen und beschuldigt, verschiedene medizinische Experimente an Indianern im südlichen Veracruz ausgeführt zu haben?
- Warum rühmt sich das ILV selbst, daß ohne seine Hilfe der Ölkonzern *Shell* nicht so einfach in das Land der *Auca* (im ecuadorianischen Urwald) hätte eindringen können?
- Warum wird das ILV/WBT beschuldigt, Schmuggelflüge zu unternehmen? Und warum besitzt diese Or-

ganisation als einzige das Privileg der zollfreien Ein- und Ausfuhr von Material in Südamerika?
So hat das ILV/WBT z.B. in Quito/Ecuador als einzige Institution auf dem Flugplatz einen eigenen Hangar, ihre aus den USA (Miami) ankommenden Flugzeuge können dort unkontrolliert entladen und einführen. (Es kommen Abnehmer direkt zum Hangar und kaufen dort Transistorradios und andere Luxusgüter aus den USA.)

- Warum wird das ILV/WBT beschuldigt, die Sprache der *Guahibos* (die im Grenzgebiet Venezuela, Kolumbien, Brasilien leben) als Code im Vietnam-Krieg nutzbar gemacht zu haben? Ähnliches wird über die *Uru-Uru*-Sprache aus Bolivien berichtet. (Nach: Omar Gonzáles Nunez, Anthropologe – *El Dia,* Mexico, 20.12.77)
- Warum berichten immer mehr Indianergruppen so über das ILV/WBT wie Marcelino Sharique von der Campa-Gemeinde Mazshoreni (Peru): ›. . . Wir wollen die Sprachforscher nicht, weil wir wissen, daß sie ausbeuterische Personen sind. Sie verunsichern unsere Stammesbrüder mit dem Vorwand, daß sie später im Himmel alle Freuden haben werden, und sprechen von Jesus. Einige werden Mitglieder der Organisation, diese gehen später mit ihrer Bibel von Dorf zu Dorf und arbeiten nicht mehr. Diese verirrten Brüder sind Opfer der ‚zweisprachigen Fremden'. Die Linguisten (gemeint ist das ILV, die Verf.) nehmen uns unsere Sprache und benutzen sie, um unsere Brüder in anderen Ländern, die sich befreien wollen, damit zu schaden, wie es im Falle des entfernten Landes Vietnam

geschah. Das ILV darf nicht in unserem Gebiet bleiben ... Wir sollen beschließen, daß wir das Erziehungsministerium auffordern, daß der Vertrag mit dieser Spionage-Institution nicht verlängert wird ... Das weitere Eindringen von Religionsinstitutionen muß verhindert werden, da die meisten (Missionare), sowohl von der katholischen Kirche, die Evangelischen, wie die Adventisten, nicht mit uns sind. Mit den Evangelisten kommen die ausländischen Ausbeuter ...‹. (aus: *Documento del VII congreso de las comunidades nativas CAMPAS – evento que se desarrollo en la margen derecha del Rio Apurimac,* del 25. al 30 de Oct. 1975, Peru)

– Warum beschuldigte die Zeitschrift ‚DEBATE' aus Santa Cruz, Bolivien, im September 1978 das ILV mit der Einwanderung von weißen Südafrikanern in Bolivien befaßt zu sein?

... Die von der Arbeit des ILV/WBT (und anderer ähnlicher Pioniermissionsgesellschaften) betroffenen Indianer bzw. deren eigene Bewegungen erhoffen sich von dieser Veröffentlichung, daß ihre Anklagen gegen das ILV/WBT stärker als bisher in das Bewußtsein der internationalen Öffentlichkeit rückt ... Sie hoffen, daß die Spenden besonders von kirchlich interessierten Kreisen an das ILV/WBT auch hierzulande geringer werden oder aufhören, damit deren Aktionsradius eingeschränkt wird ..."

Der vorstehende Text ist entnommen der vom Arbeitskreis ILV der *Gesellschaft für bedrohte Völker* herausgegebenen Broschüre: *Die frohe Botschaft unserer Zivilisa-*

tion / Eine Dokumentation über den Einfluß protestantisch-fundamentalistischer Mission am Beispiel des Summer Institute of Linguistics (ILV/SIL/WBT), 1979 in der Reihe „Pogrom".

Papst Johannes Paul II. am 28. Januar 1979 in Puebla (Mexico) vor der Dritten Vollversammlung der Lateinamerikanischen Bischöfe:

„Es ist die Einheit, die von dem einen Auftrag herkommt, den Christus uns anvertraut hat, von der Mission, die auf dem lateinamerikanischen Kontinent seit fast einem halben Jahrtausend im Gange ist und die ihr alle mit Mut und Kraft in diesen Zeiten tiefer Umbrüche vorantreibt . . ." (15), S. 76

In Brasilien, dem größten Staat des Erdteils und fünftgrößten der Erde leben heute nur noch rd. 200 000 Indianer! 1968 berichtete die internationale Tagespresse von dem vielleicht größten Völkermord seit der Judenausrottung: Über 70 000 Indianer Brasiliens waren umgebracht und ganze Stämme ausgerottet worden. Selbst die staatliche Organisation zum ›Schutze‹ der Indianer hatte weitgehend bei diesem Verbrechen mitgewirkt. Gängige Methoden waren: Tückische Infizierung mit Pocken, Tauschobjekte wie Zucker und Mehl mit Arsenik vermischt, Überfälle auf Indianerdörfer durch Abwurf von Dynamit aus Flugzeugen. Die neue christliche Conquista von Industrie und Wirtschaft setzt das Werk der alten christlichen Conquista fort, um die für die Ausbeutung von Bodenschätzen interessanten Gebiete „indianerfrei" zu machen.

Die *Gesellschaft für bedrohte Völker* berichtet in ihrem laufend erscheinenden Informationsblatt „Pogrom" (23) über die nicht endenden Verbrechen an Indianern in Süd-, Mittel- und Nordamerika.

Am Wege der Papstreise am 10. Juli 1980 nach Manaus (Brasilien):

„Am Sitz des Erzbischofs von Manaus hatte sich am Abend eine Delegation von rund 90 Indio-Häuptlingen eingefunden als Vertretung aller brasilianischen Urwaldeinwohner.
Die Indianer Brasiliens hatten bereits in der Hauptstadt Brasilia einen offenen Brief an den Papst übergeben lassen, in dem sie die ständig fortschreitende Ausrottung der brasilianischen Indios mit dem Massaker an der polnischen Bevölkerung und an den Juden verglichen.
Die Verfasser des Schreibens – unterschrieben von 50 Häuptlingen von 26 der 150 in Brasilien lebenden Indianerstämme – erinnerten daran, daß die Anzahl der Ureinwohner von 5 Millionen, die bei der Ankunft des portugiesischen Seefahrers und Eroberers Pedro Alvares Cabral in Brasilien lebten, bis heute auf knapp 200 000 gesunken sei.
Der Indio Pereira aus dem Stamm der Ranha in Manaus sagte vor dem Papst: ›Wir werden niedergemetzelt, ausgebeutet und durch die Straßen, die durch unsere Gebiete schneiden, den verschiedensten Leiden und Problemen ausgesetzt, die es vorher bei uns nicht gab. Wir werden erledigt durch Projekte, Firmen und Eindringlinge, die uns vertreiben, während wir doch die Eigen-

tümer dieses kleinen und einzigartigen Gebietes in diesem unermeßlichen Land sind.‹ Der Papst solle wissen, fuhr der Indio fort, daß im größten katholischen Land der Erde der Indio praktisch rechtlos ist.
Die Indios hatten es durchgesetzt, daß eine geplante Veranstaltung mit Stammestänzen abgesagt wurde. Sie hätten die Lebensfreude verloren, ihr Land und die Kraft, sich als Indianer zu fühlen, sagten die Delegationsmitglieder dem Heiligen Vater.
. . . In einem Appell an alle zuständigen Behörden machte sich Johannes Paul II. zum Anwalt der Urbevölkerung des Landes und forderte die bedingungslose Anerkennung ihres Rechtes auf Grund und Boden, der ihnen nicht nur das Überleben, sondern die volle Verwirklichung ihrer Identität ermöglicht." (16), S. 148

Papst Johannes Paul II. am 11. Juli 1980 beim Abschlußgottesdienst in Manaus an die Gruppe der Indios:

„Die Kirche möchte sich den Indios widmen. Heute ebenso, wie sie es seit der Entdeckung Brasiliens an ihren Vorfahren tat." (16), S. 150

Ein Zeitbeispiel für viele andere:

„Die Rede ist von Guatemala. Betroffen sind die Indios, meist Nachfahren der alten Maya, deren Hochkultur anderthalb Jahrtausende blühte . . . Es bedurfte der Besetzung ausländischer Botschaften, damit die Weltöffentlichkeit auf die verzweifelte Lage der Indios aufmerksam wurde. Die Besetzer forderten die Veröffentlichung folgenden Textes: ›. . . zwischen dem 3. und 5. April (1982,

Hg.) wütete das Militär gegen die Bevölkerung von Chajul, im Norden der Provinz El Quiché. Sie kamen zunächst friedlich in die Weiler Chef, Jua und Amachel und trugen die Nationalfahne. Doch nach einigen Stunden begannen die Soldaten, die Leute zu massakrieren. In einem dieser Weiler sperrten sie die gesamte Bevölkerung ins Gerichtsgebäude ein, vergewaltigten die Frauen, enthaupteten die Männer und zerschmetterten die Kinder an den Steinen des nahen Flusses . . . Jetzt beginnen sie auch damit, unsere Wälder abzubrennen, und sagen dann, es seien natürliche Waldbrände oder von der Guerilla gelegte Brände. Die Hälfte des Waldbestandes um Chichicastenango wurde in diesem Jahr auf diese Weise vernichtet . . .‹
Inzwischen lassen . . . eine Fülle unabhängig voneinander recherchierter Berichte von Journalisten, Menschenrechtsorganisationen und neutralen Beobachtern den Hilferuf der Maya-Indianer nur allzu berechtigt erscheinen." Volker Arzt in *GEO,* Nr. 3/1983

Fallbeispiel Paraguay:

„Die Waldindianer Paraguay's werden umgebracht und leiden an Seuchen, müssen Zwangsarbeit leisten, leben in Sklaverei, und ihre Kultur wird zerstört in einer von der Regierung unterstützten Kampagne, die in Kürze zu ihrer totalen Ausrottung führen kann. Dies sagt ein prominenter amerikanischer Jurist. Sein Bericht wurde gestern von *Survival International* veröffentlicht, einer in London stationierten Einrichtung, die für die Erhaltung der eingeborenen Völker arbeitet. Dieser Bericht von Richard Arens, Professor für Völkerrecht an der Temple

Universität Philadelphia und führendes Mitglied der Internationalen Liga für Menschenrechte, wirft dem Regime von Paraguay, den örtlichen Behörden, den Geschäftsleuten und Missionaren vor, die Indianer brutal zu mißhandeln. Es heißt darin, daß viele der überlebenden Indianer so demoralisiert und apathisch geworden sind, daß sie überhaupt keinen Lebenswillen mehr haben.
Der Bericht klagt auch die Vereinigten Staaten an, weil sie das Regime von Präsident Alfredo Stroessner militärisch und wirtschaftlich unterstützen und wirtschaftlichen Interessen vor den Menschenrechten den Vorrang geben . . ." Aus: *Guardian*, 4. Januar 1978, zit. in *Pogrom, Zeitschrift für bedrohte Völker*, Nr. 54/55/56, 9. Jahrgang

Fallbeispiel Chile:

„Die Mapuche-Indianer, Chiles größte indianische Minderheit mit einem Anteil von ca. 6% an der Gesamtbevölkerung und einem regionalen Anteil von bis zu 70%, haben sich nach dem Militärputsch 1973 erneut organisiert, um den Auswirkungen der Juntapolitik entgegenzutreten. Diese Politik strebt langfristig die völlige Auflösung der Mapuche-Gemeinden an, was gleichzeitig die Vernichtung ihrer Kultur bedeutet. Mittel dazu ist ein 1979 erlassenes ‚Indianergesetz' . . . Die Mapuche kämpfen in erster Linie um ihr Land – Voraussetzung für die Erhaltung der eigenen Kultur; dieser Kampf begann vor über 400 Jahren bei der ersten Begegnung mit den weißen Eroberern." Aus: *Pogrom, Zeitschrift für bedrohte Völker*, Nr. 113, 16. Jahrgang

Fallbeispiel USA:

„Gerade jetzt, heute, leben wir in der Pine Ridge Reservation auf einem Stück Land, das die weiße Gesellschaft als „Nationale Opferzone“ bezeichnet hat. Das heißt, daß hier eine Menge Uran liegt und daß die weiße Kultur (nicht wir) dieses Uran als Energieproduktionsmaterial benötigt. Die billigste und effizienteste Art für die Industrie, das Uran herauszuholen und zu verarbeiten, ist, daß sie die Abfälle gleich hier an den Bohrstellen wegschmeißt. Gleich hier, wo wir leben, Diese Abfälle sind radioaktiv und werden die ganze Region für immer unbewohnbar machen. Die Industrie und die weiße Gesellschaft, die diese Industrie geschaffen hat, hält dies für einen „annehmbaren“ Preis für die Entwicklung von Energiequellen.
Daneben planen sie, auch den Grundwasserspiegel unter diesem Teil Süddakotas im Zuge des Industrialisierungsvorgangs abzuleiten, so daß das Gebiet doppelt unbewohnbar wird. Das gleiche geschieht unten im Land der Navajo und Hopi, droben im Land der Nord-Ceyenne und Crow, und anderswo. Dreißig Prozent der Kohle im Westen und die Hälfte der Uranlager in den USA liegen im Boden von Reservationsland, man kann das also auf keine Art und Weise als unbedeutende Angelegenheit bezeichnen.
Wir wehren uns dagegen, in eine Nationale Opferzone verwandelt zu werden. Wir wehren uns dagegen, in ein nationales Opfervolk verwandelt zu werden. Die Kosten dieses industriellen Vorgangs sind für uns nicht annehmbar. Es ist Völkermord, hier Uran abzubauen und das

Grundwasser abzuleiten – nicht mehr und nicht weniger." Russel Means (Oglala-Lakota) in: *Streitworte über die Zukunft der Erde,* s. (14) S. 24/25

„Überall in den Vereinigten Staaten werden auf Indianerland Atomkraftwerke errichtet und jetzt auch immer häufiger Uran abgebaut. Wir haben damit begonnen, über die Folgen davon eine umfassende Untersuchung einzuleiten. Es gibt auf unserem Gebiet und darum herum nukleare Abfallagerplätze, Kraftwerke und Raketendepots. In New Mexico sind durch den Uranabbau Strahlungen festgestellt worden, in Arizona ebenfalls, zum Teil offen strahlende Quellen. Immer auf Indianerland. Es ist eine beinahe folgerichtige Politik, und es fragt sich, von welchem Punkt an das kein bloßer Zufall mehr ist . . .
Sie haben in Europa eine gute Lektion gehabt. Als die Nazis die Juden verfolgten, rührte sich niemand. Jeder sagte, das geht mich nichts an. Dann machten die Nazis weiter, und immer noch rührte sich niemand, immer noch sagten alle, die nicht betroffen waren, das geht mich nichts an, bis es zu spät war." Oren Lyons (Onondaga-Nation), (14) S. 35

Völkermord durch Zwangssterilisation

„Zwangssterilisationen an Frauen werden in Kanada, den USA, Bolivien und Guatemala vorgenommen. Die Indianische Bewegung und Indianische Frauengruppen betrachten diese Maßnahmen als Politik des Völkermordes

... Das GAO *(US General Accounting Office,* Hg.) – Gutachten enthüllte, daß in vier Krankenhäusern des Indianischen Gesundheitsdienstes – Abardeen, Phoenix, Oklahoma City und Albuquerque – in einer Zeit von drei Jahren 3406 Sterilisationseingriffe durchgeführt worden sind ... Von den 3406 Sterilisationen sind 3001 an indianischen Frauen im gebärfähigen Alter (15-44) und 142 dieser Operationen an indianischen Männern durchgeführt worden. 1024 Eingriffe wurden außerhalb der IHS-Krankenhäuser (Krankenhäuser des Indianischen Gesundheitsdienstes, Hg.) von Ärzten und Gesundheitseinrichtungen vorgenommen, die zu diesem Zweck beim IHS unter Vertrag stehen ...
Das GAO-Gutachten hat sich nur damit befaßt, daß die Betroffenen vor einem solchen Eingriff über die Folgen aufgeklärt werden und erst aufgrund dieser Information einzuwilligen brauchen *(informed consent).* Dem galt ihr einziges wirkliches Interesse, als sie das Gutachten anfertigten, aber bei jedem Fall, den sie untersucht haben, fehlte bei der Einwilligung ein echtes Verstehen des Eingriffs. *Informed consent* ist nur ein Rechtsbegriff – kein Moralbegriff ...
Die mißbräuchliche Anwendung von Sterilisation oder Zwangssterilisation bleibt keineswegs auf Indianer beschränkt. Ein Fünftel aller verheirateten schwarzen Frauen in den USA sind sterilisiert. Ein Drittel aller Frauen im gebärfähigen Alter in Puerto Rico sind sterilisiert. Und bei sterilisierten Indianerinnen belaufen sich die Zahlen in bestimmten Gebieten gegenwärtig auf sage und schreibe 42% (1978, Hg.) ...
Die Sterilisation der indianischen Frau ist kein Fall von

medizinischer Experimentationsethik. Es ist ein Akt von Völkermord, dem Mord am ungeborenen indianischen Kind. Seit dem Angriff der sogenannten ›Zivilisation‹ ist Völkermord ein Teil indianischer Geschichte." Aus: *Pogrom, Zeitschrift für bedrohte Völker,* Nr. 54/55/56, 9. Jahrgang

Ein Indianer über Geburtenkontrolle:

„Weißt du, die vieldiskutierte Bevölkerungsexplosion beunruhigt uns nicht. All die langen Jahre, in denen der einzig gute Indianer ein toter Indianer war, die Toten der Massaker von Wounded Knee, Sand Creek und Washita, das Abschlachten unserer Frauen und Kinder, die Masern und Pocken, die ganze Stämme ausradiert haben – so wie ich die Sache sehe, haben wir Indianer die Bevölkerungskontrolle hundertfach gelöst. Unser Problem heißt Überleben. Bevölkerungsexplosion – das ist euer Problem." John Fire Lame Deer (19), S. 166

Seite 87

„Statt über die Vielfalt des Vorhandenen zu staunen, schotten wir uns gegenüber der Begegnung mit dem Fremden dadurch ab, daß wir es als ›primitiv‹ oder unchristlich (›heidnisch‹) abqualifizieren . . . Wir vergessen dabei, daß die indianischen Kulturen ebenso alt sind wie die unsere; wir versagen ihnen den nötigen Respekt und betrügen uns selbst um eine einmalige Lern- und eigene Veränderungschance." Hartwig Weber (33), S. 460/461

Der Schweizer Ethnologe Rafael Girard:

„Eines Tages werden diese Völker in Amerika India erwachen und sich erheben. Sie verfügen über eine wunderbare, unvergleichliche, einzigartige Vergangenheit. Ich bin Schweizer, aber wir Europäer haben viel von den amerikanischen Indios zu lernen. Sie sind die moralische Reserve von morgen. Sie lügen nicht, sie stehlen nicht, sie kennen keinen Müßiggang. Die kosmische Moral dieser Indios könnte die Grundlage künftiger Gesellschaften bilden." Zit. bei Fausto Reinaga (24), S. 32

Bad Wound, ein Häuptling der Oglala-Lakota Nation:

„Wenn die Industrienationen der Welt dazu gebracht werden, die Fehler ihrer Politik und die Leiden, die die Menschheit heimgesucht haben, zu erkennen, und wenn sie gewillt sind, aufrichtig eine humanitäre Politik, die der Menschheit wirklichen Nutzen bringt, zu verfolgen, werden wir, die Urvölker dieses Kontinents, zur Stelle sein, um zu helfen und den Völkern der Welt die wahre Bedeutung der Brüderlichkeit unter den Menschen und den Respekt für den Schöpfer und seine Werke zeigen. Dies wird geschehen, denn unsere Prophezeiungen sagen, daß das unsere Aufgabe ist." Aus: *Pogrom, Zeitschrift für bedrohte Völker,* Nr. 50/77

Aus dem Manifest der indianischen Bewegung Perus (HIP):

„Indianer sein heißt nicht, die eine oder andere Hautfarbe zu haben, denn die Rassen und Hautfarben hängen von den Temperaturen der Umwelt ab; und in den Anden, in Südamerika, gibt es alle erdenklichen Klimata und daher gibt es Leute mit allen möglichen Hautfarben (wie in den Zeiten des Tawantinsuyo). Deshalb bedeutet Indianer zu sein, sich mit dem Volk zu identifizieren, das diese wunderbare gemeinschaftliche Gesellschaft, die das Tawantinsuyo war, schuf.
Indianer zu sein bedeutet, sich mit diesem Volk zu identifizieren, das die Kolonialherrschaft auf alle Gefahren hin bekämpfte und uns damit ein Beispiel des großartigsten Widerstands gab. Indianer sein bedeutet schließlich, sich mit diesem Volk zu identifizieren, das einstweilen die moralische Reserve der ganzen Menschheit ist.
Das Indianische Amerika wird im Schicksal der Menschheit immer eine Rolle spielen; und so wie es in der Vergangenheit den größten Teil der eßbaren Pflanzen entdeckte und sein Gold und Silber hergab, ist es heute wieder dazu bereit, der Welt ihre verlorene Moral wiederzugeben." Aus: *Indianer in Lateinamerika* (13), S. 156/157

„Die Spaltung des Seins in Materie und Geist, Körper und Seele, Leben und Tod, Himmel und Erde, Hölle und Paradies, ist Abendland. Die Welt des Indianers kennt

keine solche Spaltung. Es gibt keine Trennung von Leben und Tod . . .
Die präamerikanische Gesellschaft hat eine jahrtausendelange Entwicklung bis auf das Zeitalter der Mayas, Azteken und Inkas durchgemacht, wo der Nächste nicht nur der Nächste ist, sondern die eigene Person selbst. Zwischen den Menschen besteht nicht nur Brüderlichkeit, sondern Identität. Die Gesellschaft geht vollständig in der Einheit aller Menschen auf; die Einheit aller Menschen ist die Gesellschaft insgesamt. Der Mensch steht dem Menschen gegenüber, als sähe er in sein eigenes Bild im Spiegel. Des Menschen Nächster ist der Mensch selbst . . .
Der Mensch, dieser Kreuzungspunkt kosmischer Kräfte, dieser Sonnenfunke kennt weder Geburt noch Tod. Leben und Tod sind zwei naturgegebene Formen des unendlichen Pulsschlages des Kosmos . . .
Nach jahrtausendelanger Entwicklung hat der präamerikanische Mensch der Neuen Welt sich ein Gesetz gegeben, das eher dem Bewußtsein als der Gesellschaft verpflichtet ist, als rechtliche Norm und zugleich als ethische Forderung, eine Philosophie und eine Religion. Dieses kosmische Gesetz heißt: ›Sei, was du bist!‹ . . ."
Fausto Reinaga (24), S. 155/156

„Wer den Geist im Diesseits nicht wahrnimmt, dem ist in Wahrheit auch das Jenseits verschlossen. Denn es gibt nur eine Welt, und die unterscheidenden Bezeichnungen von Diesseits und Jenseits betreffen nur die jeweilige Blickrichtung. Gelingt es nicht, in Stein, Pflanze, Tier und Mensch, in Sonne, Mond und Sternen den ihnen innewohnenden Geist zu entdecken, so bleibt auch alles Reden vom Geiste im Jenseits im Nebel unklarer Mystizismen hängen." Johannes Hemleben (12), S.14

„Das elementare Symbol des indianischen Denkens ist der Kreis. Die Natur läßt ihre Schöpfungen rund sein. Die Körper von Menschen und Tieren haben keine Kanten. Für uns ist der Kreis die Einheit der Menschen, die zusammen um das Feuer sitzen, Verwandte und Freunde in Frieden vereint, währenddessen die Pfeife von Hand zu Hand geht. Das Lager, in dem jedes Tipi auf seinem Platz stand, war in einem Ring geordnet. Und das Tipi war wiederum ein Ring, in dem die Leute im Kreis saßen, und alle Familien im Dorf waren nacheinander Kreise in einem größeren Kreis, der wiederum Teil eines noch weiteren Kreises war, der sieben Ratsfeuer der Sioux, die zusammen die Nation darstellten. Die Nation war wiederum nur Teil des Universums, das sich aus der Erde – rund –, der Sonne – rund – und den Gestirnen – rund – zusammensetzt. Die Bahn der Planeten, der Horizont, der Regenbogen – Kreise in Kreisen, die sich wieder innerhalb von Kreisen bewegen, ohne Anfang und ohne Ende.
Für uns ist das schön und paßt, Symbol und Realität gleichzeitig, Ausdruck der Harmonie von Leben und Natur. Unser Kreis ist zeitlos und fließend; neues Leben, das aus dem Tod entweicht, Leben, das über den Tod siegt." John Fire Lame Deer (19), S. 121

„In unserer Haltung zum Geld unterscheiden wir Indianer uns wohl am meisten von euch Weißen . . . Für den weißen Mann hat jeder Grashalm und jede Wasserquelle ein Preisschild. Und daran krankt auch alles, schau dich doch um." John Fire Lame Deer, Medizinmann der Sioux, (19), S. 46/47

„Und wenn diese Erde je zerstört werden sollte, dann wird sie zerstört durch die Begierde, durch die Begierde nach Vergnügen und durch Selbstsucht, durch die Sucht nach der grünen Froschhaut (=Dollarnote, Hg.). Sie wird zerstört werden von Leuten, die nur an sich selbst denken und die Bedürfnisse und die Wünsche anderer vergessen." John Fire Lame Deer (19), S. 26

Harley Swiftdeer, Häuptling der Metis-Indianer:

„Der größte Lehrer ist das innere Selbst. Ich bin nur ein Führer. Der wirkliche Lehrer bist du." Zit. in *Esotera* 9/1984, S. 798

Lateinische und griechische Begriffe und Wendungen

17	Kyrie eléison (grch.) Christe eléison (grch.)	Herr erbarme Dich unser Christus erbarme Dich unser
27	ecclesia militans	streitende Kirche
31	diaboli incarnati	fleischgewordene Teufel
47	summa cum laude	mit höchstem Lob
63	urbi et orbi	der Stadt (Rom) und dem Erdkreis, „Formel, die den Macht- u. Wirkungsbereich des Papstes kennzeichnet, bes. im feierlichen Segen ›urbi et orbi‹ von der Loggia der Peterskirche." Alfred Bertholet: Wörterbuch der Religionen
66	semper et ubique opus Dei	immer und überall ein Werk Gottes
70	et cetera multum et multa	und so fort Vieles und Vielerlei
84	manus manum lavat	eine Hand wäscht die andere

Literaturverzeichnis

(1) Isabelle Aguet
Der Sklavenhandel
Bilder und Dokumente
Bertelsmann-Mohn, Gütersloh,
franz. Originalausgabe (La Traite des nègres)
bei Ed. Minerva, Genf 1971

(2) Alfred Bertholet
Wörterbuch der Religionen
Kröner, Stuttgart 1962

(3) Vine Deloria jr. (Oglala-Lakota/Sioux)
Gott ist Rot
Eine indianische Provokation
Dianus-Trikont, München 1984

(4) Vine Deloria jr.
Nur Stämme werden überleben
Indianische Vorschläge für eine Radikalkur des wildgewordenen Westens
Dianus-Trikont, München 1978

(5) Karlheinz Deschner
Abermals krähte der Hahn
Eine kritische Kirchengeschichte von den Evangelisten bis zu den Faschisten
Econ, Düsseldorf/Wien 1980

(6) Karlheinz Deschner
Ein Papst reist zum Tatort
Hoffmann & Campe, Hamburg 1981

(7) Karlheinz Deschner
Kirche des Un-Heils
Argumente um Konsequenzen zu ziehen
Wilhelm Heyne, München 1974

(8) Leo Deuel
Kulturen vor Kolumbus
Das Abenteuer Archäologie in Lateinamerika
dtv, München 1982

(9) Jaime Diaz-Rozzotto
Lateinamerika
Ein Kontinent wird geschmiedet
Bucher, Luzern/Frankfurt 1973

(10) Hans Dollinger
Schwarzbuch der Weltgeschichte
Südwest, München; Lizenzausg. M. Pawlak

(11) *Esotera*
(Die Wunderwelt an den Grenzen unseres Wissens), Monatsschrift
Hermann Bauer, Freiburg

(12) Johannes Hemleben
Diesseits
Vom Lesen im Buch der Natur
Rowohlt, Reinbek 1980

(13) *Indianer in Lateinamerika*
Neues Bewußtsein und Strategien der Befreiung (a. d. Span.)
Peter Hammer, Wuppertal 1982

(14) *Indianischer Widerstand*
Herausgegeben von Frank Geerk von Loeper, Karlsruhe 1985

(15) Johannes Paul II.
Hoffnung so weit wie das Meer
Johannes Paul II. in Lateinamerika
Libreria Editrice Vaticano, Citta' del Vaticano 1979, deutschsprachige Ausgabe Butzon & Berker, Kevelaer 1979

(16) Johannes Paul II.
Im Land des wahren Kreuzes
Johannes Paul II. in Brasilien
Deutsche Ausgabe des Osservatore Romano
Butzon & Berker, Kevelaer 1980

(17) Joachim Kahl
Das Elend des Christentums
Rowohlt, Reinbek 1968

(18) Marianne Kesting
Melville, Benito Cereno
Dichtung und Wirklichkeit
Ullstein, Frankfurt / Berlin / Wien 1972

(19) John Fire Lame Deer / Richard Erdoes
Tahca Ushte, Medizinmann der Sioux
Fischer, Frankfurt/M. 1983

(20) Bartolom'e de Las Casas
Kurzgefaßter Bericht von der Verwüstung der Westindischen Länder
Herausgegeben von Hans Magnus Enzensberger
Insel, Frankfurt/M. 1981

(21) Nino Lo Bello
Vatikan im Zwielicht
Die unheiligen Geschäfte des Kirchenstaates
Econ, Düsseldorf/Wien 1983

(22) Gert v. Paczensky
Weiße Herrschaft
Eine Geschichte des Kolonialismus
Fischer, Frankfurt/M. 1982

(23) *Pogrom, Zeitschrift für bedrohte Völker*
Gesellschaft für bedrohte Völker, Menschenrechtsorganisation für verfolgte ethnische, rassische und religiöse Minderheiten, Postfach 2024, 3400 Göttingen

(24) Fausto Reinaga (Quechua)
America India und das Abendland
Dianus-Trikont, München 1980

(25) Jesús Romé und Lucienne Romé-Henchoz
Geheimnisvolle Mayas
Ed. Minverva, Genf 1980, deutschsprachige Lizenzausgabe
A. Herbig, München/Berlin

(26) Schwarzer Hirsch (Black Elk, Sioux)
Die heilige Pfeife
Das indianische Weisheitsbuch der sieben geheimen Riten
Lamuv, Bornheim 1984

(27) Leslie Marmon Silko
Gestohlenes Land wird ihre Herzen fressen
Rogner & Bernhard, München 1981

(28) Pierre und Jeanine Soisson
Leben und Liebe in Mexiko zur Zeit der Azteken
Ed. Minerva, Genf 1978,
deutschsprachige Lizenzausg. Bertelsmann-Mohn

(29) Hyemeyohsts Storm (Cheyenne)
Sieben Pfeile
Wilhelm Fink, München 1982

(30) Fritz Trupp
Die letzten Indianer
Kulturen Südamerikas
Perlinger, Wörgl/Austria

(31) Frank Waters
Das Buch der Hopi
Eugen Diderichs, Köln 1980

(32) Lothar Wehrle
Abenteuer Mississippi
Molden – Seewald, München 1983

(33) Hartwig Weber
Die Opfer des Kolumbus:
500 Jahre Gewalt und Hoffnung
Geschichte und Gegenwart Südamerikas – historische Berichte, Kommentare, Bilder
Rowohlt, Reinbek 1982

Otto Rahn

Kreuzzug gegen den Gral

Die Geschichte der Albigenser

Verbesserte Neuauflage, 358 Seiten, 12 Abbildungen, gebunden mit Schutzumschlag, DM 39,—

Eine große Melancholie liegt über der Geschichte von Provence und Languedoc. Nach dem Niedergang von Hellas und Rom, der Einwanderung der Westgoten, der Berührung mit arabischer Kultur und christlicher Häresie war dort aus keltisch-germanischer Wurzel ein Volk herangewachsen, das nicht in mittelalterlicher Nacht und Weltflucht versank. Es entwickelte die einzige Kultur, die vielleicht hätte fähig und würdig werden können, die Nachfolge atlantischer und antiker Harmonie und Größe anzutreten. Aber dieses Volk diente nicht dem Kreuz, sondern mit dem Gralsmythos verbundenen ketzerischen und heidnischen Anschauungen, und so wurde es im 13. Jahrhundert, mitten im Aufblühen seiner Kultur, mit Kreuzzügen überzogen und vernichtet. Eine der größten Tragödien, die die Welt je gesehen hat, spielte sich damals ab.

Dies Geschehen wurde so völlig aus dem Bewußtsein des Abendlandes verdrängt, die Spuren so gründlich getilgt, daß heute fast nichts mehr an dieses Volk, sein Heldentum und seine Kultur erinnert.

Otto Rahn

Luzifers Hofgesind

Eine Reise zu den guten Geistern Europas

290 Seiten, gebunden mit Schutzumschlag, DM 38,—

Otto Rahn geht in diesem Buch den durch Verfolgung und Verleumdung weitgehend verwischten Spuren mittelalterlicher Ketzer, Heiden und Weisen nach.

In Form eines Reiseberichts geschrieben, gelang dem Verfasser ein tief bewegendes, oft nachdenklich und melancholisch stimmendes, im Stil fast dichterisch zu nennendes Werk.

Wilhelm Kammeier

Die Fälschung der deutschen Geschichte

310 Seiten, kartoniert, ergänzte neugesetzte 6. Auflage in Vorbereitung, erscheint Februar 1987, DM 35,—

Die Sieger schreiben die Geschichte, und manche Sieger schreiben sie so, daß sie mit den Tatsachen kaum noch etwas gemein hat.

Wilhelm Kammeier stieß bei seinem geschichtlichen Studium auf erstaunliche Widersprüche: auf Widersprüche in der dokumentierten Überlieferung und auf Widersprüche in den Darstellungen der etablierten Geschichtsschreibung. Gründliche Forschungsarbeiten führten ihn daraufhin zu einer überraschenden Lösung: Sie gipfelt in der These, daß die römische Kurie im Mittelalter eine *umfassende Aktion zur Verfälschung der Geschichte* organisiert hat.